UNIVERSITY OF NORTH CAROLINA
Studies in the Romance Languages and Literatures

NUMBER 29

A BRIEF DESCRIPTION OF MIDDLE FRENCH SYNTAX

A BRIEF DESCRIPTION OF MIDDLE FRENCH SYNTAX

BY

Rosalyn Gardner

AND

Marion A. Greene

CHAPEL HILL
THE UNIVERSITY OF NORTH CAROLINA PRESS
1958

Copyright, 1958, by
The University of North Carolina Press

CONTENTS

	Introduction	vii
	Abbreviations of Titles	xiv
	List of Texts	xiv
I.	The Noun and the Articles	1
II.	The Adjective and the Participles	26
III.	The Pronoun	44
IV.	The Verb	89
V.	Invariable Words	130
VI.	Word Order	142
	Index	149

INTRODUCTION

For many years scholars and teachers have not had at their disposal sufficient tools for the study of the Middle French language. We have attempted to bring some order out of the chaos of this transitional period in which little was stable, and thus to contribute toward bridging the gap between Lucien Foulet's *Petite syntaxe de l'ancien français*[1] and A. Haase's *Syntaxe française du XVIIe siècle*.[2] Ferdinand Brunot's section on Middle French syntax in his vast *Histoire de la langue française*[3] is a general treatment, the most comprehensive to date. Our period is merely mentioned in passing in such works as Dauzat's *Histoire de la langue française*,[4] Brunot and Bruneau's *Précis de grammaire historique de la langue française*,[5] Nyrop's *Grammaire historique de la langue française*,[6] and Tobler's *Mélanges de grammaire française*.[7] These grammarians are more concerned with Old French, the sixteenth century, and especially the seventeenth century, in relation to Modern French. Among specific studies of individual authors or works, we can mention F. Meunier's essay on Nicole Oresme,[8] Stimming's "Die Syntax des Commines,"[9] Shepard's "The Syntax of Antoine de la Sale,"[10] and Schmidt's *Syntaktische Studien über die Cent Nouvelles Nouvelles*.[11] Brita Lewinsky's thesis[12] on *Bérinus* and the works

---

[1] Lucien Foulet, *Petite syntaxe de l'ancien français* (Paris: Champion, 1930).

[2] A. Haase, *Syntaxe française du XVIIe siècle* (Paris: Delagrave, 1925).

[3] Ferdinand Brunot, *Histoire de la langue française des origines à 1900*, Vol. I (Paris: A. Colin, 1905).

[4] Albert Dauzat, *Histoire de la langue française* (Paris: Payot, 1930).

[5] Ferdinand Brunot et Charles Bruneau, *Précis de grammaire historique de la langue française* (Paris: Masson, 1937).

[6] Kr. Nyrop, *Grammaire historique de la langue française*, Vol. VI (Copenhagen: Gyldendalske Boghandel, Nordisk Forlag, 1950).

[7] Adolf Tobler, *Mélanges de grammaire française*, tr. by Max Kuttner and Léopold Sudre (Paris: A. Picard, 1905).

[8] Francis Meunier, *Essai sur la vie et les ouvrages de Nicole Oresme* (Paris, 1857).

[9] A. Stimming, "Die Syntax des Commines," *Zeitschrift für romanische Philologie*, I (1877), 191-221; 489-509.

[10] William Pierce Shepard, "The Syntax of Antoine de la Sale," *Publications of the Modern Language Association of America*, XX (1905), 435-501.

[11] J. Ulrich Schmidt, *Syntaktische Studien über die Cent Nouvelles Nouvelles* (Zurich, 1888).

[12] Brita Lewinsky, *L'ordre des mots dans Bérinus* (Göteborg: Rundqvists Boktryckeri, 1949).

of Marx,[13] Nissen,[14] Dill,[15] and others are concerned entirely with word order.

Our intention has been to make a descriptive syntactical study based upon careful examination of ten texts of the fourteenth and fifteenth centuries, following to a large extent Foulet's work on Old French syntax, especially in the matters of content and arrangement of material. Although the definition of syntax does not include forms, it has been impossible to divorce syntax completely from morphology.

... la morphologie et la syntaxe, c'est-à-dire les formes et les fonctions. Il est impossible logiquement, de séparer les formes des fonctions: la forme n'est que l'expression grammaticale, matérielle, d'une fonction .... Il est nécessaire de remarquer qu'une même forme peut exprimer toute une série de fonctions diverses ... et qu'une même fonction peut s'exprimer par plusieurs formes ...[16]

Our method of procedure has been to examine our texts carefully in order to draw conclusions as to forms and functions, counting occurrences when necessary to determine which of several possibilities was preferred. We have not always been able to say, "Thus and so was the rule in the fourteenth and fifteenth centuries," since frequently a practice reversed itself between the beginning and end of our epoch. The fact that the Middle French period was one of fluctuation and development may have discouraged studies of this kind. We feel, however, that we have been able to indicate the dominant characteristics of the syntax as it developed through the two centuries. Our conclusions are based entirely upon the texts studied; our opinions were formed after careful counts and analyses of the various parts of speech and their position and function in the clause or sentence.

The texts chosen as a basis for this work range from 1314 to 1495. The subject matter includes a work on surgery, three romances, a translation of Aristotle's *Ethics*, an art of poetry, a *complainte*, two treatises on versification, an intimate miscellany of old wives' gossip, and a *salade*. All are written in prose and were selected to demonstrate both popular and literary language. It is true that Lucien Foulet's examples are all drawn from poetry; most of the material in the twelfth century was in verse.

---

[13] G. Marx, *Uber die Wortstellung bei Joinville* (Heilbronn, 1881).

[14] H. Nissen, *L'ordre des mots dans la Chronique de Jean d'Outremeuse* (Uppsala, 1943).

[15] W. Dill, *Die Wortstellung in den Cent Nouvelles Nouvelles* (Münster, 1935).

[16] Brunot and Bruneau, *op. cit.*, p. 241.

Since the poets of that period were never archaizing, his problem was not complicated by writers who were imitating their predecessors. The poets of the fourteenth century were influenced by the poets who preceded them, and hence their language is likely to be more archaic than the prose contemporary with them. Poets, on the whole, tend to employ a language removed from everyday speech. Furthermore, the exigencies of rhyme would necessarily affect syntax.

Our earliest text, and in many ways the most useful, is the French translation[17] of Henri de Mondeville's Latin work on surgery made by a young student[18] in the year 1314. It is valuable to the student of syntax in that the young translator had no literary pretensions ["Du style il n'y en a point."[19]] and his writing is therefore comparatively free of archaisms and literary clichés, nearer to the spoken language of his time. The age of a writer is as significant in judging the language of a period as the date of the work. The syntax of a man of seventy writing in 1314 would be the syntax of the preceding century, when his language habits were formed. Our translator, being a young man, would probably write as his contemporaries were speaking and writing. The fact that the *Cyrurgie* is a translation from the Latin seems not to have influenced him in that respect. We have found the work useful in fixing for us the syntax at the beginning of our period.

Shortly after 1314 is the date given for one of our romances, *Fouke Fitz Warin*.[20] It is a prosification of an earlier poem containing many Anglo-French elements. This romance is much more conservative in its constructions than the *Cyrurgie*, a fact no doubt due to the preservation of fragments of the earlier verse rendition.[21]

We have chosen Nicolas Oresme's translation of Aristotle's *Ethics, Le livre de Ethiques*,[22] to represent the middle years of the fourteenth century. Although this particular work is dated

---

[17] *La Chirurgie de Maître Henri de Mondeville*, ed. by A. Bos ("Société des anciens textes français"; Paris: Firmin Didot, 1897).
[18] *Ibid.*, I, xxii.
[19] *Ibid.*, I, xxiii.
[20] *Fouke Fitz Warin*, ed. by Louis Brandin ("Les classiques français du moyen âge"; Paris: Champion, 1930).
[21] *Ibid.*, p. vi.
[22] Nicole Oresme, *Le livre de Ethiques d'Aristote*, ed. by Albert D. Menut (New York: Stechert, 1940).

1370, Oresme was writing in French from 1357 on,[23] and it is safe to assume that his general language habits were already formed, his age being between 27 and 37 years at that time. Oresme is particularly interesting to a student of the language because he was a progressive. Far from being bound by tradition, he even dared at times to make innovations.

In a transitional period such as that of Middle French, it is a common experience to find in the same writer's style regressive elements intermingled in a single paragraph with striking innovations or at least with *constructions which are just beginning to emerge* in the language of the period. Thus in *Le Livre de Ethiques*, the new and the old are strangely combined and confused—with the newer tendencies generally prevailing.[24]

Bérinus,[25] like *Fouke Fitz Warin*, is a prose version of an earlier poem, this prose version having been composed in the third quarter of the fourteenth century. Works of this type are naturally more conservative and consciously archaic because of the influence of their verse counterparts and the literary pretensions of the author. Yet the development of the syntax and forms may be seen through the maze of true archaisms.

Eustache Deschamps' *Art de dictier*[26] was written in 1392 and his *Complainte de l'Église* one year later.[27] We have not used in our study the verse portions of the *Art de dictier*, which are manifestly different from the prose sections. The *Complainte* is entirely in prose.

To represent the language of the early years of the fifteenth century, we have used the works of two authors which appear in the *Recueil d'arts de seconde rhétorique*, edited by M. E. Langlois.[28] The first, a treatise on versification entitled *Des rimes*, is the work of Jacques Legrand. The second, *Les règles de la seconde rhétorique*, which deals with the same subject, was composed by an anonymous author. The literary production of Legrand is a chapter taken from his *Archiloge Sophie*, while the second is taken from a single manuscript of the unknown writer. Langlois states that the *Archiloge Sophie* was certainly finished

---

[23] *Ibid.*, p. 26.

[24] *Ibid.*, p. 57.

[25] *Bérinus*, ed. by Robert Bossuat ("Société des anciens textes français"; Paris: Firmin Didot, 1891).

[26] Eustache Deschamps, *Oeuvres complètes* ("Société des anciens textes français"; Paris: Firmin Didot, 1891).

[27] *Ibid*.

[28] *Recueil d'arts de seconde rhétorique*, ed. by M. E. Langlois (Paris: Imprimerie Nationale, 1911).

INTRODUCTION

in 1407 and that it is probably anterior to 1405.²⁹ The date of *Les règles* is problematical; but Langlois believes that it could not have been composed before 1411 and that it was presumably edited before 1432, for in that year Baudet Herenc made use of it in writing his *Doctrinal de la seconde rhétorique*.³⁰

Antoine de la Sale's compilation, *La salade*, was completed by 1442, possibly before.³¹ His language is straightforward, without literary pretensions.

Les évangiles des quenouilles was composed in Belgium about the middle of the fifteenth century, although the first printed edition did not appear until 1475.³² Because of their popular nature, these "mémoires d'une académie de vieilles femmes"³³ have proved useful for demonstrating innovations in structure and vocabulary.

The author of *Jehan de Paris*, according to Edith Wickersheimer,³⁴ probably lived at the court of France and did most of his writing at Lyons. The romance, a reflection of the state of mind of Charles VIII and his partisans, was composed between the end of November, 1494, and the beginning of December, 1495.

It is impossible to summarize briefly the syntax of the Middle French period. Among the most notable features we can point out the disappearance of the declension system from the earliest years;³⁵ the gradual establishment of a feminine form with -*e* for adjectives such as *tel, fort, quel*, and more slowly, *grant*; the absence of any fixed practice in regard to position of adjectives; the rare use of the partitive; the slow development of the use of the definite article; the tendency to employ subject pronouns; the

---

[29] *Ibid.*, p. xvi.
[30] *Ibid.*, p. xxviii.
[31] Antoine de la Sale, *La salade*, ed. by Fernand Desonay (Paris: E. Droz, 1935), pp. xviii, xxvii.
[32] *Les évangiles des quenouilles* (Paris: P. Jannet, 1940), p. x.
[33] *Ibid.*, p. vi.
[34] *Le roman de Jehan de Paris*, ed. by Edith Wickersheimer (Paris: Champion, 1923), pp. xix-xx.
[35] In the Appendix to the latest edition (1930) of the *Petite syntaxe*, L. Foulet advances the theory that from the twelfth century on, the declension was purely a literary convention, absent in the spoken language (p. 350). It is a debatable question. An Anglo-Norman nun at Barking, writing in England between 1163 and 1170, is hesitant about attempting a work in the French language for fear of getting her cases mixed up, as she has not been to France where the declension system is well observed. Since literary French was not

penchant for the relative adjective; the merging in meaning of the *cest* and *cel* forms of the demonstratives; the failure to make any distinction between the use of *tu* and *vous* in the singular; the appearance of *beaucoup* in the fifteenth century; and the power of an introductory prepositional phrase, an adverb, or even *et* to cause inversion of subject and verb or to hold the object personal pronouns before the verb in an affirmative imperative. The involved sentence, clauses within clauses, which distinguishes fourteenth- and fifteenth-century sentence structure from that of the Old French period, becomes progressively more complicated throughout the Middle French period.

The punctuation, accents, and other marks in the selections quoted are those of the editors of the texts examined. The italics are usually ours.

We acknowledge with gratitude the financial assistance afforded us by a grant from the Research Council of the Richmond (Virginia) Area University Center.

ROSALYN GARDNER
Gallaudet College
Washington, D. C.

MARION A. GREENE
Mary Washington College
Fredericksburg, Virginia

taught in the schools in France, it would seem that the nun at Barking was referring to the spoken language.

Si joe l'ordre des cases ne gart
Ne ne juigne part a sa part,
Certes n'en dei estre reprise,
Ke nel puis faire en nule guise.
Qu'en latin est nominatif,
Ço frai romanz acusatif.
Un faus franceis sai d'Angleterre,
Ke ne l'alai ailurs quere.
Mais vus ki ailurs apris l'avez,
La u mester iert, l'amendez.

La vie d'Edouard le Confesseur, ed. by Osten Södergard (Uppsala: Almquist and Wiksell, 1948), vv. 1-10.

A BRIEF DESCRIPTION OF
MIDDLE FRENCH SYNTAX

ABBREVIATIONS OF TITLES

AD	*Art de dictier*
B	*Bérinus*
CE	*Complainte de l'Eglise*
CHM	*La chirurgie de Henri de Mondeville*
E	*Le livre de Ethiques*
FFW	*Fouke Fitz Warin*
JP	*Jehan de Paris*
Q	*Les évangiles des quenouilles*
R	*Recueil d'arts de seconde rhétorique*
S	*La salade*

LIST OF TEXTS IN CHRONOLOGICAL ORDER

Fourteenth Century

CHM	*La chirurgie de Henri de Mondeville*
FFW	*Fouke Fitz Warin*
E	*Le livre de Ethiques*
B	*Bérinus*
AD	*Art de dictier*
CE	*Complainte de l'Eglise*

Fifteenth Century

R	*Recueil d'arts de seconde rhétorique*
S	*La salade*
Q	*Les évangiles des quenouilles*
JP	*Jehan de Paris*

Chapter I
THE NOUN AND THE ARTICLES

The Noun
Disappearance of the Declension

In Old French there were two declensions, masculine and feminine. Feminine nouns were declined as in Modern French:

NOM.	fille	filles
OBJ.	fille	filles

Masculine nouns, however, usually carried an -*s* in the nominative singular and omitted the -*s* in the nominative plural. The objective, singular and plural, had the same forms as Modern French.

NOM.	murs	mur
OBJ.	mur	murs

A few masculine nouns, ending in mute *e*, omitted the -*s* in the nominative singular:

NOM.	pere	pere
OBJ.	pere	peres

There were about fifty masculine nouns whose nominative singular form was so distinctive that the final -*s* was unnecessary:

NOM.	sire	seigneur
OBJ.	seigneur	seigneurs

As early as 1314 one sees the case system broken down, with the feminine declension system surviving. The writer in the early fourteenth century, especially the young writer, had already lost the feeling for cases. Only a vague sense that an -*s* should be placed on some singular forms and omitted on some plural forms remained. Hence in the rare instances in which the declension system is found, the use is often incorrect. From the beginning of the fourteenth century, in the majority of cases, the Modern French usage was already in force.

> Tout *le front*, selonc toutes ses parties, est compost de .2. parties . . . . (CHM 204)
>
> *Le roy* remist a Gloucestre, quar yl fust malengous e gueres ne poeyt traviler. (FFW 28:23-24)
>
> Et *tel home* portera tres noblement et tres bien les fortunes. (E 17b)
>
> Et *le seigneur* ne voult mie oublier la besoingne. . . . (B 442)
>
> Et *cest art* s'applique aux fevres, charpentiers et maçons . . . . (AD 267:18-19)

Cayn fut *le premier enffant* qui nasquist de mere . . . . (R 39:14)

Et a ses parolles le tresdouloureux *chevalier* cheut devant la cave tout pasmé. (S 119C:13, 120:1)

Quant *le vent* d'eschorchevel vente, les femmes sages et bonnes mesnagières doivent taillier le débout de l'oreille dextre de leur jone veau . . . . (Q 48:9-12)

. . . et pource ay desliberé d'aller jusques a Bourdeaulx et ailleurs, si *le courage* le me conseille. (JP 31:26-27)

Com les devans dis *ners* issent du cran et entrent en l'orbite . . . . (CHM 219)

Les chevalers e les esquiers de Lacy les corurent sur, si les decouperent e ocistrent espessement. (FFW 23:5-7)

Mais les habiz sont selon lesquelz nous nous avons et contenons bien ou mal . . . . (E 30a)

Et aussi estoient *les lions* qui, pour plaie qu'ilz eüssent, ne laisserent point a courre sur Aigre . . . . (B 323)

Car adonques *les roys, ducs, princes et autres grans seigneurs* tenoient avecques eulx les bons menestereulx . . . . (B 1)

. . . des letres A, B, C, que *les enfans* aprannent premierement . . . . (AD 266:11-12)

. . . dont Troye fut destruite et *les temples* de tous les dieux . . . . (R 47:4)

Quant vint le lendemain au matin, *les seigneurs* et dames qui aux nopces estoient venus . . . si se leverent moult grant matin . . . . (JP 51:12-15)

The use of cases. In Old French the nominative case embraced both the nominative and the vocative, i.e., subject of the verb, predicate nominative, and direct address. In the Middle French period there were few survivals, the majority being in proper names.

. . . c'est a savoir Monseigneur Loys, son premier engendré, ja *roys* de Navarre, puis après *Phelippes, Charlles* et *Robers*, les quiex tous puissent vivre par lonc aage o fortune beneuré . . . . (CHM 2)

Fet le roy: "Ou est Gyrart de Fraunce, *Pieres* de Avynoun e sire Amys le Marchys? — Sire, ocys." (FFW 33:22-24)

. . . quant li roys *Ysopes* les ot prins en main . . . . (B 156)

. . . vous sauve *Dieux* et sainte Bride! (Q 53:6)

A few examples will serve to illustrate the rare uses of the case system. Since the feminine declension and the objective case of the masculine declension have not changed from Old French to Modern French, the examples are taken from the masculine declension, nominative case.

> La .ii. rieulle est que nous devon enjoindre silence et repos au patient, tant com *li sans* court. (CHM 675)
>
> E issi dona *ly roys* a ces meillour chevalers e plus afiéz totes les terres, chaces e fees de Cestre desqe Brustut. (FFW 7:24-26)
>
> Le cyrurgien qui est *ouvriers*, puet tres bien pronostiquier ou propos .... (CHM 1544)
>
> Amys *borgeis*, mout estes fort e vaylant .... (FFW 15:13-14)
>
> A grant meschief passerent *li Rommain* parmy ce pavement .... (B 129)
>
> ... le soudan de Perse est grans riches *homs* .... (B 201)
>
> Fuy de cy, *Ennemis*. (B 267)
>
> ... si comme vostre Pere l'ama, liquelz dist en sa glorieuse passion que *ses royaumes* n'estoit pas de cest monde .... (CE 298:14-15, 299:1)
>
> ... dont *li mondes* est mieux destruit que ne fut Troye. (R 45:4-5)
>
> *Sires* chevalier ou escuier, *seigneur* de tel lieu .... (S 218:325)

Among pronouns, adjectives, and participles there was an occasional survival of the Old French masculine nominative, even in the fifteenth century, but as in the case of the noun, it was rare (except in *Bérinus*) and often employed incorrectly.

> ... les autres metent .10. tuniques, *li quel* ont autre opinion. (CHM 211)
>
> Essample: se *aucuns* a aucune ulcere ou milieu de la jambe .... (CHM 1622)
>
> ... je vous pri qe mon frere qe la gist, quant il est *mors*, qe vous facéz enterrer son cors, qe bestes savages ne le devourent, e les nos, quant *mort* sumes .... (FFW 72:26-29)
>
> Et pour ceste raison se resvigorerent *cil* de Blandie et deffaillirent a paier le treü .... (B 142)
>
> ... yl fust *sages* e engynous .... (FFW 43:23-24)
>
> ... il est *necessaires* ... (CHM 41)
>
> Et le lion qui estoit *demourez* avoit si grant duel de son compaignon .... (B 324)
>
> ... moy qui suy *rudes* et de gros entendement .... (AD 292:1)
>
> Le *premiers* est de quel maniere doivent estre les ouvriers de cest art .... Le *segont*, de quel maniere doivent estre les paciens. (CHM 27)
>
> Et ne seroit mie *saiges* qui lassus yroit a cheval. (S 76C:4-5)

In spite of the foregoing examples the declension system was not moribund at the beginning of the fourteenth century; it was in actual fact dead. Most of these examples represent accidents, rare flashes of memory, or conscious striving to maintain the patterns of the past. Such combinations as *le premiers* and the placing of the *-s* on the nominative singular *necessaire* illustrate the writer's lack of knowledge or understanding of the system. One can feel reasonably certain that in the sentence, "La .2. est mauvès gouvernemens en la diete" (CHM 1061), the *-s* on *gouvernemens* is due, not to the nominative case, but to influence of the *-s* of *mauvès*. Likewise the use of *sire* in the objective case in the clause, "lequel est aussi cyrurgien de nostre sire le roy devant dit" (CHM 14), is a logical error for one who had no conception of the difference between *sire* and *seigneur*. *Sire* was used so often in the vocative that one would almost have expected it and not *seigneur* to survive.

The inconsistency of the author of the early and middle fourteenth century is well illustrated in the following examples from *Fouke Fitz Warin* and *Bérinus*.

Ly roys passa la ryvere de Salverne . . . . (FFW 7:19)

Ly roy apela Payn Peverel e ly dona la Blaunche Launde . . . . (FFW 7:27)

Le roy, quant issi aveyt establie ces terres, retorna a Londres . . . . (FFW 8:3-4)

. . . e demorerent yleqe privément, quar apertement n'oserent pur *ly roy*. (FFW 35:26-27)

Beau seigneur [sg.], que ay je fourfait . . . ? (B 55)

Beaulz amis [sg.], se dit Gieffroy, je ne vous demande pas tant, mais se tu me vuelx avoir . . . . (B 72)

Beau sire [sg.], je me conseilleray a ma gent. (B 72)

Beaulx seigneurs [pl.], que vous semble de cest homme qui cy est? (B 72)

In Old French, the objective case was used when the substantive was the direct object of the verb or the object of a preposition. Since the forms are those that have survived in the modern language, the objective case in general need not be discussed. However, Old French had constructions in the objective case showing (1) the relation of the determinative complement to the substantive determined, (2) the relation of the verb to the circumstantial complement, and (3) the relation of the verb to the indirect object. In each of these constructions, the preposition (which is understood) was omitted.

1. *Determinative complement.* By the beginning of the Middle French period, the determinative complement was being reinforced by a preposition. In *Fouke Fitz Warin* the Old French usage remained. In 65 examples, only 5 employed the preposition. The *Cyrurgie* preferred the Old French construction only when the determinative complement was a proper name; in 25 such cases, 16 were the Old French construction and 9 inserted *de* between the substantive and the determinative complement.

In the Old French period and in the early fourteenth century, the preposition was usually omitted if the determinative complement of a substantive designated a person, but by mid-century the preposition was preferred. The following examples from the texts studied illustrate the construction, which expresses certain relationships.

   a. The relation between relatives or master to servant:

      Les *freres Fouke* furent dedenz la porte e aveyent oy e veu tote la continaunce Fouke. (FFW 45:15-16)

      Le roy escria Fouke e les *chevalers le roy* de totes partz assailerent Fouke . . . . (FFW 48:21-22)

      . . . que couchier avecques la *femme son voisin* et ferir son prouchain . . . . (E 110b)

      Adonc vint le *garçon Berinus* et lui admena son cheval . . . . (B 56)

      . . . en un royaume dont le *per Medée* estoit roy . . . . (R 41: 30-31)

      Cellui qui congnoist charnelement sa commère à sa prière jamais ne puet en paradis entrer, se le *filleul son enfant* ne fait de son gré la penitance . . . . (Q 58:5-8)

Although a few lingering survivals are found even as late as the fifteenth century, most of the examples occurred in the early fourteenth-century *Fouke Fitz Warin* and *Bérinus*. Even the young translator of the *Cyrurgie* had already begun to employ the preposition in this particular construction: *cyrurgien de nostre sire le roy* (CHM 14), *suer de Berinus* (B 371), *filz de roy* (B 361), *filz de Dieu* (CE 303:3).

   b. Material objects of possession or parts of the body:

      . . . e les lyerent mout ferm en la *loge le porter* e pristrent tote lur herneys . . . . (FFW 40:21-22)

      . . . que sont les *livres Aristote.* (E 1b)

... et la apparçurent Berinus lez la *tumbe sa mere* .... (B 41)

Et a chief de piece qu'il avoit assez regrecté le *corps son frere*, recommençoit son troisieme regret en disant .... (S 119C:7-8)

... ou portoit en bataille la petite peau qu'il apporte du *ventre sa mère* .... (Q 90:11-12)

Parallel with these constructions we find, from the earliest years of the fourteenth century, *la doctrine de Thederic* (CHM 1212), *figure du cyrurgien* (CHM 37), *piez du chevalier* (B 286), *verge de Moyse* (CE 300:11).

   c. Manifestations of the will, intelligence, or sentiments of the person in question:

... si comme il apert par l'*auctorité Galien* .... (CHM 21)

Sire Ernald fust jevene bachiler, e bel e grantment fust suppris de l'*amour Marioun* de la Bruere .... (FFW 15:29-30)

... a tant qe, a la *requeste le roy* de Fraunce, fust pris un jour .... (FFW 29:1-2)

One finds also *consayl de le erchevesqe* (FFW 41:15-16), *aufforime d'Ipocras* (CHM 24), *amour de Dieu* (B 66), *loy de Jhesu Crist* (CE 308:15).

By the end of the fourteenth century the preposition *de* was generally used with determinative complements. The determinative complement with *à* was a favorite construction in Old French texts, but had practically disappeared as early as the beginning of the fourteenth century. It occurred only once in the *Cyrurgie*, but several examples were found in the more conservative *Fouke Fitz Warin* and *Bérinus*. The prose portions of the *Art de dictier* in 1392 contained none.

Sire, fet ele, je su *file al duc* de Cartage .... (FFW 65:13)

... si com je vi a Paris de l'*espicier a l'arcevesque* de Nerbonne .... (CHM 1884)

Qu'est-ce, *filz a putain*, pour quoy vous alez vous esmaiant . . . ? (B 96)

   2. *Circumstantial complement.* In the Middle French period, as in the preceding centuries, certain locutions were employed as complements without the use of prepositions.

Un jour de esté sire Joce leva *matin,* si mounta un tour .... (FFW 12:21-22)

Car *chascun jour* sont faites diverses manieres de dars et de saietes .... (CHM 615)

Qant avoient ileqe sojorné *une piece*, dount vint un messager . . . . (FFW 40:26-27)

Je commant a vous tous, si chier com vous amez voz vies, que chascun qui a fille ou femme ou niece en soit delivres dedens demain *ceste heure* . . . (B 134)

. . . si se leverent *moult grant matin*. (JP 51:15)

3. *Indirect object*. Occasionally in Old French the indirect object of the verb might be expressed without the help of the preposition *à*. By the early fourteenth century the preposition was constantly used when the indirect object was a noun.

Pramette santé *a ses patiens*. (CHM 552)

E issi dona ly roys *a ces meillour chevalers* e plus afiéz totes les terres, chaces e fees de Cestre desqe a Brustut. (FFW 7:24-26)

Dites a Logre que je en parleray *a mes barons* et *a mes hommes* . . . . (B 187)

. . . comme il fist anciennement *a Nabugodonosor* . . . . (CE 294:13)

In *Fouke Fitz Warin* a few rare examples of the indirect object without the preposition are found.

Isorie va tot *counter Messobryn*, son frere . . . . (FFW 77:3-4)

The Articles
The Definite Article

Declension of the definite article. The definite article was declined in Old French. Its forms in the masculine were nom. *li, li*; obj. *le, les*. As it was with respect to the noun, it is the objective case which has survived in the modern language. The feminine forms, likewise, were those that are present today: nom. *la, les*; obj. *la, les*.

In the early part of the fourteenth century few of the masculine nominative forms are found. As a rule, the forms of the definite article are those of the objective case. The feminine, of course, is the same as it is in Modern French.

Le pis est toute l'espasse du cors . . . . (CHM 292)

Le counte comande sa meisné e sa compaignie a le asaut, e yl si ferirent vigerousement. (FFW 73:7-8)

Les freres Fouke, quant ce vyrent, saylerent hors a la porte . . . . (FFW 40:19-20)

Le roi comanda cent chevalers aler prendre cele nef e amener a *ly le* chevaler. (FFW 75:8-10)

... et ainsi mesprison est faite de legier a avoir *le* moien qui est entre tost et tart. (CHM 1094)

... dont convient il avant connoistre *les* membres. (CHM 49)

By the end of the century the definite article was established in its present forms. Yet the nominative *li* occurred sporadically throughout the fourteenth and into the early years of the fifteenth cenury. Sometimes the noun or pronoun it governed was also in the nominative case, but more often that noun had the modern form.

Ly roy apela un chevaler .... (FFW 7:14)

... *li* letré qui veulent aprendre cyrurgie .... (CHM 15)

... les autres metent .10. tuniques, *li* quel ont autre opinion. (CHM 211)

Li lieux, ou cilz aymans est, est parfont en l'Ocean .... (B 234)

... *li* baron de Blandie le mandoient pour le royaume recevoir .... (B 212)

... si comme vostre Pere l'ama, *li*quelz dist en sa glorieuse passion ... (CE 298:14-15)

... dont *li* mondes est mieux destruit que ne fut Troye. (R 45:4-5)

... et *ly* aulcuns la tiennent pour la mort ... (R 67:1-2)

Elision. The singular forms of the article, *le* and *la*, in general elided with a following vowel or mute *h*, but a few exceptions are to be found.

... commencie a Paris en *l*'an après *l*'incarnation Jesucrist .... (CHM 1)

Quant fust delyvres a *l*'houre qe Dieu ordyna .... (FFW 12:5-6)

... en *l*'ostel de vostre pere .... (B 369)

... *l*'esperit des creatures .... (AD 269:10-11)

Aprèz ce que la noble dame ot rendue *l*'ame au dieu d'amours .... (R 43:1-2)

... et venir en *l*'assemblee .... (S 40:568)

... je vous donray de *l*'argent bien largement .... (JP 43:10)

Pus aprés avynt qe, par *le* assent de un roy d'Engleterre .... (FFW 24:19-20)

De *la* alme de cui Dieus eit merci! (FFW 86:2-3)

Ou aultrement, sachent tous que *le* impacience commune porte inreparable peril. (S 19:411-12)

Contraction. Throughout the Middle French period, one

finds the contractions of the definite article with *a* and *de* that have been in use from Old French to Modern French.

a + *le* = *au, al*
 au cyrurgien (CHM 25)
 al chastel (FFW 18:21)
 au contraire (E 56a)
 au matin (B 250)
 au temps (AD 266:8)
 au solail (R 44:9)
 au dieu (S 24:56)
 au dyable (Q 60:2)
 au quartier (JP 67:29)

a + *les* = *aus, as, aux*
 aus yex (CHM 104)
 as auditeurs (CHM 11)
 as citoiens (E 9b)
 aux piez (B 286)
 aux monnoyers (AD 268:20)
 aux chiens (Q 66:1)
 aux champs (R 69:5)
 aux folles (S 19:401)
 aux nopces (JP 40:2)

de + *le* = *du, del*
 du pays (FFW 24:1)
 du chief (CHM 502)
 del lit (FFW 21:30)
 du tout (E 150a)
 du monde (B 250)
 du souleil (AD 269:4)
 du peuple (S 17:348)
 du pied (Q 67:19)
 du mien (JP 92:25)

de + *les* = *des*
 des barbes (CHM 656)
 des oseylouns (FFW 1:4)
 des choses (E 103a)
 des pierres (AD 267:9)
 des vins et *des* viandes (R 43:24-25)
 des proscripz (S 29:209)
 des escolières (Q 85:12)

Occasionally the author of *Fouke Fitz Warin* would fail to make the contraction.

 de le chastel (FFW 19:2)
 a les barons (FFW 29:4-5)

A regular occurrence in the fourteenth and fifteenth centuries, as well as in Old French, was another contraction, that of *en* and *le* or *les*.

en + *le* = *ou, eu*

Ou non de Nostre Seigneur. (CHM 1)

... du temps *ou*quel il dure. (E 203d)

... et fist a chascun de ceulx qui dedens gisoient et dormoient, une merche ens *ou* front, de son pouce .... (B 458)

... *en le* pays .... (FFW 18:25)

... *eu* regart aux exemples et articles cy dessus escrips .... (AD 291:24-25)

... il sacriffia *ou* temple de Venus .... (R 40:22-23)

... de laquelle Vallerius parle en son premier livre, *ou* chappiltre des Prodigues .... (S 34:357-58)

... ces Euvangiles furent commencéez ... *ou* temps que regnoit le fort et puissant roy Zoroastes .... (Q 5:2-5)

en + *les* = *es*

... *es* aucteurs de medecine assés desclairiés. (CHM 20)

Mais quant il sont *es* perilz .... (E 56a)

Les glaves *es* poins .... (B 192)

... vostre Pere qui est *es* cieulz .... (CE 294:7)

Equo est le Dieu du ton retentissant *es* parois ou *es* murs. (R 68:15)

Selon ce que je treuve *es* anciens registres .... (Q 5:1-2)

Use of the definite article. As Lucien Foulet expresses it, the definite article in Old French deserved its name.[1] Contrary to modern usage, the principal function of the definite article in Old French and early Middle French was to particularize the noun.

Les utilités de *la* creation des arteres ou cors sont .3.: *La* premiere est .... (CHM 83)

... en *le* haut chemyn qe va par my *la* marche et de Cestre desqe Brustut. (FFW 3:4-6)

Et *les* choses que l'en fait pour aucun bien acquerir, l'en les fait avecques delectacion. (E 41a)

---

[1] Lucien Foulet, *Petite syntaxe de l'ancien français* (3rd ed.; Paris: Champion, 1930), p. 49.

Quant Aigre vit *la* semblance de *la* damoiselle, si fu tous esmaiez . . . . (B 272)

. . . excepté tant que les materes se different selon *la* volunté et *le* sentement du faiseur . . . . (AD 287:11-13)

The definite article was usually omitted before a substantive under the following conditions.
1. Nouns taken in a general sense:

. . . car s'il sentoit si excellentement com le simple nerf, *homme* ne pourroit soufrir excellent froidure ne chaleur. (CHM 108)

Escorpion est beste petite, semblable a *escharbot*, fors que il a queue . . . . (CHM 1812)

Ly loup lerra *boys* e *montz* . . . . (FFW 6:21)

Donques *viande* est bonne a toutes bestes. (E 199d)

. . . et est de tel nature que de trois journees ou de plus *nefs* ne le puet aprouchier . . . . (B 234)

. . . vermeil comme *sanc* e a l'autre costé blanc comme *nege*. (B 416)

By mid-fourteenth century one frequently finds the article, and by the last years of the century the article was regularly being used with nouns taken in a general sense. Out of a total of 50 instances in the prose part of the *Art de dictier*, the definite article was used 39 times and omitted only 11 times. Although one finds exceptions even as late as the sixteenth century, the practice of using the definite article with generalized nouns was well established in the fifteenth century.

Les choses semblent estre involuntaires quant il sont faites par violence, ou quant il sont faites par ignorance. (E 39c)

Mais li jeux estoit malpartiz, car sur toutes les choses du monde il haioit *les* femmes et avoit en despit. (B 132)

. . . et aprant tous les autres ars par les figures des letres de A,B,C, que *les* enfans aprannent premierement. (AD 266:10-12)

. . . ne mais il suffit que en *la* prose soyent aucunes diccions d'une mesme ou de semblable terminaison . . . . (R 1:6-7)

Mais Cupido a son cours, et *les* femmes sont courtoises et delicatives, et n'ont cure de vieux hommes . . . . (R 45:1-3)

. . . *le* flateur est anemy de toute verité . . . . (S 8:45)

Dame Sebille des Mares dist sur ce pas que *les* filles ne doivent point mengier à cachelouche leur potage avec leurs amoureux. (Q 23:18-21)

Beside the above examples, one finds as late as 1494

...mais voulentiers quant *dames* sont loin de leur pays, elles en desirent souvent avoir des nouvelles .... (JP 81:17-19)

2. Abstract nouns:

...car de la nest *paour* et *doutance* sus le malade. (CHM 557)

...e chescune choses vivaunte recovre *vertue*, *beauté* e *force* .... (FFW 1:2-3)

...si comme de medicine la fin est *santé* ... de *chevalerie* la fin est *victoire*, et richesces sont la fin de *yconomie*. (E 3a)

...ains vous serviray, s'il vous plaist, et vous porteray *foy* et *loyauté*. (B 281)

La septiesme Beatitude est que vous aiez et amez *paix* entre vous .... (CE 302:13-14)

...et *desir* vient de veoir ou d'ouïr parler .... (R 44:25)

Je vous ay dit que tout ce qu'il vous plaira me plaist, pource n'en faictes *difficulté*. (JP 83:20-21)

...car *doulceur*, *pitié* et *humanité* partent de *misericorde*. (S 9:87)

By mid-fourteenth century the article was beginning to be employed occasionally.

...pour ce que il ensuivent *la fantasie* ou leur premiers mouvemens. (E 146b)

...car mieulx nous vault povres departir que richesse atendre en grant doubtance de *la mort*. (B 85)

La premiere si est ou il commande que vous soiez povres d'esperit pour *l'amour* de lui .... (CE 298:11-12)

When an abstract noun was used in a specific sense, the article was inserted.

...a lur profit e *al honour* lur seignour le roy. (FFW 2:9)

...mais soient contre *le honesté* de lui .... (E 83c)

...au mains pour *l'amistié* que elle avoit a vous .... (B 25)

...et est en corps et en ame ou paradis terrestre comme garde de *la justice* terrienne. (R 67:21-22)

Quant le roy vit *la grant humilité* de ceste femme, il la fit monter a cheval .... (JP 12:1-2)

3. Abstract nouns used in the sense of a proper noun:

...mes pour ce que Dieu et *Nature* ne font riens pour nient .... (CHM 136)

Et ce faisoit *Amours* ... (B 542)

Mais *Fortune* et grant meschance me couru sus .... (B 236)

... et despitoit les belles oevres de *Nature*. (R 40:20)

4. Proper nouns denoting nationality or religion and names of languages:

Yervard, quant oy avoit la novele, fist assembler *Galeys*, *Escoteys*, *Irreys* ... et tant avoit grant gent qe le pays ne les purra contreester. (FFW 24:19-22)

... mes la mes bataille ne prendrei pur *Sarazyn* countre *cristien* pur perdre la vie. (FFW 76:28-30)

... pour le temps de lors, *grec* estoit en resgart de *latin* .... (E 2a)

... le Deable estoit en grant agait pour *Rommains* decevoir .... (B 436)

However, by the beginning of the fifteenth century one finds the article regularly before the names of nationalities written in the plural.

Calcas fut un po[e]te nez de grant Troye, a qui les divins respons commanderent qu'il tenist la partie *des Grejois* et que *les Troyens* seroient desconfis par leur orgueil .... (R 40:26-28)

Almicar ... savoit bien que *les Rommains* avoient coustume de transfuges recevoir .... (S 60:1180-81)

... la ou *les Anglois* se plaignoient et lamentoient .... (JP 42:4-5)

5. Names of countries, provinces, and continents:

Hay, seinte Marie! je su roy, *Engletere* guye, duc su d'*Angoye* .... (FFW 47:19-20)

... de Londres a *Normandie* .... (FFW 8:4)

Certes, ma doulce damoiselle, je croy que je m'en yray vers *France*, car j'ay entendu qu'il y a guerre. (B 487)

... a Dayre de *Perse* et a plusieurs autres princes .... (CE 294:14-15)

Norwegh est une grande region assise dessoubz de pol articque. (S 1331:9)

Elle estoit de par sa mère d'*Auvergne*, et de par son père de *Piemont*. (Q 73:9-11)

Ou Ile royaume de *Perse*, c'est assavoir *Turquie*, a diverses regions, si come *Auffricque*, *Medie*, *Persee*, *Massopotame* .... (S 160C: 1-3)

... voyant que a la puissance de *France* ne pourroient resister .... (JP 10:17-18)

6. Words in a series:

The article was omitted in Middle French, as it is in Modern French, before a long series of nouns.

> ... les oeuvres de main que il voient, si comme *pareis, maisons, paintures* et *choses* semblables ... (CHM 12)
>
> ... e vist les champs coverts de *chevalers, esquiers, serjauntz* e *vadlets* ... (FFW 12:23-25)
>
> ... comme *rebebes, guiternes, vielles* et *psalterions* ... (AD 270:15-16)

In a series of two or more, in which the modern writer would place the article before each of the nouns, early Middle French did not require use of the article beyond the first word in the series.

> A *l'onour, loenge et gloire* Jhesucrist .... (CHM 2)
>
> ... par *lé pres e jardynz* .... (FFW 24.10)
>
> Car adonques *les roys, ducs, princes* et autres grans seigneurs tenoient avecques eulx les bons menestereulx .... (B 1)
>
> Et yci sont encloses *les differences et condicions* touchiees devant .... (E 11b*)
>
> Et cest art appartient assez sçavoir *aux monnoyers et changeurs* .... (AD 268:20-21)
>
> ... et trouva et quist *aux chans, roses, liz, violetes, glay* et aultres herbes odorans .... (R 40:11-12)
>
> ... et tous *les princes, barons, seigneurs et dames* l'alerent ouyr. (JP 53:27-28)

In mid-fourteenth century one sees the article occasionally repeated, and by the last decade of the century repetition of the article was more frequent than not. In 36 examples taken from the *Art de dictier*, 22 times the article was repeated, and 14 times it was omitted.

> Dont nous voyons que *le charpentier et le geometrien* enquierent et considerent de la ligne droite. (E 11a)
>
> ... et admenda moult *la terre et le païs* a son temps. (B 208)
>
> ... la largeur *des eaues et des rivieres*, la parfondeur *des puis et des concaves* de la terre; de sçavoir *les heures, les temps, les minutes et les momens* .... (AD 268:4-6)
>
> ... et ama *les savours et les delices* des vins et des viandes, la douceur des connins et des oysiaux .... (R 43:24-26)
>
> Quant *le seigneur ou la dame* d'un hostel est malade .... (Q 47:21, 48:1)

La salle estoit toute tendue de moult riche tapisserie et *le ciel et le pavement* aussi tout tendu. (JP 36:11-13)

7. In adjective phrases, before an unmodified noun in apposition, before a predicate nominative; and after nouns and adverbs[2] of quantity:

> ... la science de *medecine* et de *cyrurgie* .... (CHM 38)
>
> ... Willam Bastard, *duc* de Normaundie, vynt ou grand gent e pueple .... (FFW 1:11-12)
>
> Mais le prince est *garde* de juste et *conservateur* de justice et de equalité. (E 103a)
>
> ... en la terre de Majorgue dont il estoit *roy*. (B 446)
>
> Rethorique est *science* de parler droictement .... (AD 267:3)
>
> ... a Moyse, *sergent* de Dieu .... (CE 300:5)
>
> ... et est une musique de *bouche* .... (AD 270:22)
>
> Cyrurgie est *oevre* manuel du cors d'omme tendant a santé. (CHM 560)
>
> Marius, *consulle* des Rommains ... leur envoya lettres .... (S 49:854-56)
>
> Car dedans iceulx furent mis habillemens, draps d'*or* et de *soye* .... (JP 26:8-9)

As we have noted above, the general function of the definite article in the Middle French period was to designate a particular person or thing. Nevertheless there are found regularly some specialized uses of the article.

With titles of respect or profession:

> *Le roy Johan* fust a Wyncestre. (FFW 47:15)
>
> Adont appareilla il grant gent et l'envoya par mer *au roy Mirame* de Blandie. (B 201)

With the relative pronoun and adjective *quel*:

> L'uitiesme: de l'anathomie du ventre et des membres qui i sont contenus, *la quel* chose est apelee la region des nutritis. (CHM 29)
>
> ... pour *lesquelz* les gens seulent avoir descort et contencion ensemble. (E 191b)
>
> ... l'empereur, *lequel* en avoit esté moult liez .... (B 46)
>
> ... il perdist sa force, *laquelle* force estoit telle que il destruisoit a un cop mille hommes .... (R 69:2-3)
>
> ... à la venue de *laquele* fut faitte silence. (Q 72:27-28)

---

[2] See the Partitive, p 23.

Il fut jadis en France ung roy moult sage et vaillant, *lequel* avoit ung tresbeau filz .... (JP 4:5-6)

In the foregoing discussion of the uses of the definite article, we have attempted to show what was practiced generally in the Middle French period. But this discussion would not be complete if we failed to indicate exceptions, from the earliest years, that pointed the way to modern usage.

En le temps de averyl e may, quant *les* prees et *les* herbes reverdissent .... (FFW 1:1-2)

Du vin: vin eaveus doit estre eschivé .... (CHM 786)

Quant *les* Frauncoys virent chevalers d'Engleterre, se penerent molt le plus de bien fere. (FFW 55:19-21)

... maiz Milie *la* fille de l'empereur fut toute la nuit en grief pensee pour Aigres .... (B 554)

... et sur ce dit Seneque qu'il croit tout vice estre tollerable par dotrine, excepté *la* laidure .... (CE 302:4-5)

... *les* Macedones . . . enva[i]rent de tous leurs pouvoirs leurs anemis. (S 54:1004-06)

Juno, *la* d[e]esse de proesse . . . se voulut armer .... (R 45: 25-27)

The Indefinite Article

Disappearance of the declension. The indefinite article ("a," "an," "some," "any") was declined regularly in Old French.

NOM.	uns, une	un, unes
ORJ.	un, une	uns, unes

In *Fouke Fitz Warin* and the *Cyrurgie*, no survivals of this declension are found. The author of *Bérinus* tried to revive it but not very successfully. The loss was no doubt due chiefly to the fact that the indefinite article played a much less important role in Old French than it does in the modern language. It was even less frequently used than the definite article to which it was more closely allied than it is at present.

Use of the indefinite article. The indefinite article, throughout the Middle French period, more or less continued the Old French tradition. Its use was similar to that of the definite article, the principal difference being that the indefinite article indicated a person or thing that had *not* been mentioned previously. The term "indefinite" is a misnomer in the fourteenth and fifteenth centuries, as the function of the indefinite article was to particularize the noun or otherwise restrict its meaning. It distinguished a thing from others of its class. The meaning of a statement could be changed by the omission or insertion of the indefinite article.

The plural of the indefinite article will not be considered here; it will be discussed under the partitive, to which it is closely related. The examples given here illustrate the use of the indefinite article in the singular. In the *Cyrurgie, un* or *une* occurred only 29 times in 2800 lines. Of these 29, 16 times it was the numeral and 13 times it meant "a" or "an." Its occurrence was more frequent in *Fouke Fitz Warin*: 30 times in 390 lines. One must remember, however, that the *Cyrurgie* more nearly represents current practice in the first decade or so of the fourteenth century. In 360 lines of the *Art de dictier* (1392), the indefinite article occurred only 9 times. Little, if any, increase is to be noted in the fifteenth century.

The indefinite article was usually omitted:

1. If the thing or person was considered as a representative of a group, or as part of a whole.

> ... car il vaut miex a dire: *"ulcere* est plaie" que *"ulcere* est solution de continuité." ... (CHM 1659)
>
> Certes, fet Fouke, molt avéz *perilous mester.* (FFW 58:8)
>
> ... e troverent *bon port.* (FFW 60:1)
>
> ... c'est a dire fils de *noble homme* et astrait de noble lignie .... (AD 266:4-5)
>
> *Homme* qui sa femme bat ... n'aura jamais ... grace de la Vierge Marie ... (Q 16:16-19)
>
> ... comme souventtefoix soubz *prince simple* ou negligent ilz font .... (S 18:366-67)
>
> Et ce pendant le roy de France remit a son obeyssance *grant partie* des villes a l'entour. (JP 9:21-23)

2. If the concept of "some" or "any" (not quantity) could be substituted for the meaning "a" or "an," usually after a preposition.

> ... ou par *promesse* ou par *don* engyner .... (FFW 49:11-12)
>
> Et lors vist bien que le Deable queroit *engin* pour le decevoir et honnir. (B 438)
>
> ... et ainsi semble que nous aions *deffault* de lettres .... (AD 278:7-8)
>
> ... en *autre signification* et en *autre sens* que la fin du ver precedent. (AD 277:8-9)

> ...lequel .iii. jours après sa dolereuse pensée, a qui tout le monde ne suffisoit pas, fut par *venin* empoisonné.... (CE 296: 7-8)
>
> Qui par coustume tient en son hostel mireoir pendant, soit en *chambre* ou en *salle*.... (Q 148:19-20)
>
> *Autre taille* commune est ditte doublette.... (R 34:15)
>
> ...a *aultre chose* ne suis je subgect après Dieu.... (JP 38:5-6)

3. After a negation or a condition.

> ...si qu'il ne puissent trouver *deffaute* en lui par sa coupe. (CHM 551)
>
> Guaryn de Meez, le vaylaunt, ne avoit *femme* ne *enfant*.... (FFW 9:15-16)
>
> ...car il ne laissa, en toute la terre, *forteresse, tour*, ne *chastel* ne *fort manoir*. (B 219)
>
> ...et pour ce n'en faiz je point icy *exemple* pour briefté et pour abregier ce livret. (AD 287:13-14)
>
> ...s'il i treuvent *defaute*, il i vuillent debonnerement ajouster acomplissement.... (CHM 11)
>
> ...vous ne poéz a reson blamer, si je vous renk *service* aprés vostre desert. (FFW 22:16-18)
>
> Car se il entendoit *ydee* universele par predicacion selon logique, c'est chose fainte.... (E 6c*)
>
> ...beste trop chargee oncques ne fist *bonne journee*. (S 20:449, 21:450)
>
> ...car a aultre chose ne taschoient que a faire *chose* que luy fut agreable. (JP 51:9-11)
>
> ...ce n'est pas sans *cause*. (Q 26:3)

It will be noticed that in the above examples the concept of *quelconque* ("any . . . whatsoever") is always present: "... so that they may not find *any* fault *whatever* in him ..."; "Guaryn de Meez, the valiant, had *no* wife or child *whatsoever* ..."; "... if they find in it *any* defect *whatsoever*"; etc. There is no restriction of meaning and hence no indefinite article.

4. Before certain adjectives. *Un* and *une* were usually omitted before *tel* (although they are seen frequently in the fifteenth century), and often before other adjectives such as *certain, grant, especial*, etc.

> ...et leur promettent *grant* somme d'argent a tel fin que il veillent ouvrer en leur maladies.... (CHM 23)
>
> E *tiele* dure vie avoms demeyné. (FFW 78:9)

...chascun prisonnier d'une part ou d'autre seroit quicte pour *certainne* somme. (E 104a*)

...en ceste cité ou il avoit *riche* mansion, *grant* meuble et *bon* heritage .... (B 429)

...et autres que l'en puet veoir en *tel* cas communement de ceulx qui mieulx et plus saigement le scevent .... (AD 291:25-27)

...dont souvent en sourt *grande* noise entre homme et femme. (Q 51:7-9)

...si mist au cuer de l'escuier *une tele* voulenté de retourner que n'estoit une seule heure de desirer et regrecter les grans biens qui avoit laissiez .... (S 106C:9-10)

Si broche le cheval des esperons, qui fit *ung tel* sault que en saillant print le couvrechief et osta son bonnet .... (JP 66:13-15)

5. Before a predicate nominative. The predicate nominative being equivalent to the subject of the verb, there was no need to restrict it further.

...et estoit cel homme *faiseur* de seles .... (CHM 1211)

En ycel temps Yweyn Goynez fust prince de Gales et si fust *vailaunt e bon guerreour*, et le roy le dota mout le plus. (FFW 1:16-19)

La cure paliative est *cure* blandissante ou assouagante .... (CHM 1441)

...il semble *couart* ou resgart de celui qui est trop hardi. (E 36b)

...et pour ce que c'est *ouvrage* qui se porte au "Puis d'amours" .... (AD 281:7-8)

...qui est *moult belle histoire*. (S 39:527)

...il est avenu que leur premier filz est *fol et povre innocent*. (Q 21:17-18)

Est il *homme* mortel qui puisse telle noblesse assembler? (JP 57:26-27)

Exceptions to the above practice were not rare.

Sire, fet yl, je su *un menestral* ethiopien, nee en Ethiopie. (FFW 52:3-4)

...ce est *un homme* inutile. (E 5c)

...vous estes *une femme* legiere et d'estrange terre ... (B 422)

Logique est après *une science* d'arguer choses faintes et subtiles .... (AD 266:15-16)

...c'est *un pot* qui boult jus du feu. (Q 36:22)

As already stated, the indefinite article was generally employed when it was necessary to restrict the meaning or to particularize a noun or person heretofore not mentioned.[3]

>Devant ces est *une* fosse qui est entre les .2. yex . . . . (CHM 232)
>
>Fouke vist *un* maryner, qe sembla hardy e feer . . . . (FFW 57: 30, 58:1)
>
>Et par ce appert que toutes choses n'ont pas *une* ydee commune qui soit leur essence . . . . (E 6d)
>
>. . . il vint a *une* place qui estoit assez prez de la maison Aigres . . . . (B 421)
>
>. . . les premiers preux en firent *un* temple a la grant Troye, et fut appellé Marcus . . . . (R 46:2-3)
>
>Dist encoires *une* autre filleresse moult ancienne . . . . (Q 140: 16-17)
>
>. . . *une* legion de Romme les syevy . . . . (S 48:820-21)
>
>. . . trouverent *une* petite riviere qui estoit moult maulvaise s . . . (JP 40:19-20)

The Partitive

In a treatment of the article it is necessary to include a discussion of the partitive, that hybrid construction of Modern French which is allied to the definite article in form and to the indefinite article in meaning. In fact, in the plural the indefinite article is usually expressed by the partitive, which is a construction indicating indeterminate quantity. The partitive in Modern French is formed by the preposition *de* in combination with the definite article. Under certain circumstances the definite article may be omitted. The construction was extremely rare in the twelfth century and its use was limited: when employed at all, it denoted an indeterminate fraction of a determined quantity. The thirteenth century contributed little to the development of the partitive. Its occurrence was practically no more frequent, but its use became less restricted during the course of the century. In the early years of and throughout the fourteenth century the partitive, still rarely made use of, expressed an *indeterminate part or fraction of either a determined or an indeterminate quantity*. Its function was the same in the fifteenth century although its occurrences were less infrequent.

---

[3] We must mention, however, that out of 55 examples in the *Quenouilles*, the indefinite article was employed 45 times with a singular noun *used in the general sense*. "Une femme qui veult avoir petits enfans . . . se doit desjuner au matin d'une tostée de pain blanc en vin . . . ." (Q 81:14-16)

"Some" (quantity), the plural of the indefinite article, was rendered in Old French occasionally by the plural forms of *un, une*. These forms are rarely seen in Middle French texts. None was found in *Fouke Fitz Warin* and few in later works.

> ... en *unes* maladies qui sont curables .... (CHM 1438)
>
> ... et est lié aus parties derriere du pis ou *uns* liemens qui n'ont point de pareil en tout le cors .... (CHM 313)
>
> Et aussy pour quelles causes *unes* policies euvrent bien civilement et autres font le contraire. (E 221b)
>
> ... et m'aportez *unes* forces .... (B 87)
>
> Et a ces parolles leur donna *unes* lettres qui furent baillees au cappitaine de la ville .... (S 109:7-8)

This concept of multiplicity of objects was normally expressed in Old and fourteenth-century French without any article, indefinite or partitive. However, by mid-fifteenth century partitive constructions, though still in the minority, had definitely gained a foothold.

> ... o les quiex il puet encorporer *oefs* .... (CHM 2048)
>
> ... quar il furent venuz de la outre e amenerent ou eux *chyvals* de pris. (FFW 40:11-12)
>
> Et a prendre *pecunes* deüement, il s'ensuit bien souffrir ou non faire chose laide. (E 66d)
>
> ...car tant comme Agea sa mere vesqui, il avoit *robes, deniers* et *joyaulx* tout a sa volenté .... (B 15)
>
> ...lesqueles par le touchement des marteaulx donnent *sons* acordables selon lesdictes .vi. notes .... (AD 270:11-13)
>
> ... et fut si cruex de jeter *dars* et *lances* et *flaiches* et *pierres* qu'il ne se vouloit cesser .... (R 46:10-11)
>
> Le XVIIIme est de ceulz qui pevent porter *banieres*. (S 6:87)
>
> Et quant il eut souppé et graces furent dictes, *instrumentz* de toutes sortes commancerent a sonner en grant melodie. (JP 36:15-17)
>
> *Des* vestemens ont il a leurs vouloirs .... (S 97C:6-7)
>
> Et avec ce venez, *des principaulx* d'entre vous .... (JP 6:31-32)

To show indeterminate quantity the Middle French writer had no need of the partitive, in respect to either abstract nouns or common nouns.

> ... car ces choses si desplaisent souvrainement aus cyrurgiens, et en ont *desdaing* .... (CHM 556)
>
> ... e ly pria *ayde* e *socours* a cele bosoigne. (FFW 9:17-18)

> ...il ne prent pas pour soy le champ, mais il prent *argent*. (E 109c)
>
> ...les estrangiers lui portent *honneur* et *reverence* .... (B 25)
>
> ...et les temps de prandre *medecine* .... (AD 269:6-7)
>
> ...car *papier* et chandeille me failloient .... (Q 28:24, 29:1)
>
> ...ilz y floriront et porteront *fruit* .... (S 4:33)

The origin and development of the partitive, which indicates an indeterminate fraction of a quantity, are due largely to adverbs of quantity which were usually followed in Old French, as they are today, by the preposition *de*. In the course of time the adverb would disappear, leaving the *de* as the indication of indeterminate quantity. The writers of the Middle French period used *de* alone (i.e., without the definite article) after an adverb of quantity.

> ...*tant de* perilz .... (CHM 325)
>
> Johan, fet yl, vous savéz *asséz de* menestralsie e de jogelerye. (FFW 44:3-4)
>
> ...mon compaignon qui *tant* a eü *de* durtez et *de* maulx pour moy. (B 520)
>
> Et tel incontinent foible est semblable a celui qui est legier a enyvrer et qui est yvre de *peu de* vin .... (E 146d)
>
> ...dix ours grans et orribles, qui *moult* avoient mengié *de* gens .... (B 314)
>
> ...et que *plus de* choses sont requisez de lui .... (CHM 555)
>
> ...et pour ce le pacient sueffre *mains de* mal .... (CHM 913)
>
> ...je ne le vouldroie pas, car *trop* avriez *de* destresce. (B 422)
>
> ...en baillant et enseignant un *petit de* regle ci après declarée .... (AD 272:20-21)
>
> ...disans de lui *moult de* maux. (S 48:824)
>
> ...sa grant mère disoit que *autant de* gannes dyables sont assiz dessus chascun pied .... (Q 35:16-18)
>
> ...car il vous fait *beaucoup de* plaisirs .... (JP 39:32-33)
>
> ...nous devons *plus* metre *de* choses chaudes, c'est a savoir *de la* thucie, *de* l'uille, et *de* leur semblablez .... (CHM 2078)

If one examines the last selection given above, one can readily see how the modern partitive could have developed from sentences containing such word order.

In the twelfth century, adverbs of quantity were often used adjectivally, in which case the preposition *de* was omitted. This adjectival use had almost completely disappeared in our period. Only the author of *Fouke Fitz Warin* seems to have any remembrance of it, and examples of it in his work can be found only by diligent searching.

>...quar *tant honour* ly feseit qe nul jour ne vodra laver ne manger eynz ly. (FFW 17:10-11)

Ordinarily the partitive was omitted after a general negation in the fourteenth century, but now and then one sees the preposition *de*, the Modern French construction, especially after *point*.

>...nul estraunge y dust passer, s'il *n*'avoit *viaunde* ou herbergage ou autre honour.... (FFW 84:7-8)
>
>La .5. est a noter que com les cyrurgiens fiebles et champestres qui *n*'ont *point de* refinement ne *de* conissance es deffautes de leur cures.... (CHM 1990)
>
>Le .3. quant il ne puet prendre la pocion pour autre cause, la quelle est, car par aventure il *ne* but *onques de* vin. (CHM 959)
>
>Ceuls qui tiennent et portent cest opinion *ne* mectent *pas ydees* en choses qui ne sont d'un meïsme ordre.... (E 6c)
>
>...*onques n*'y orent *clarté* ne lumiere.... (B 47)
>
>...car nous *n*'avons *mie d*'usage.... (B 530)
>
>...mais qu'il *n*'y ait *point de* doulce eau.... (B 105)

Considering the basic meaning of *point* and *mie*, one can see why *de* often follows. But in the clause, "il ne but onques de vin," we have the true partitive. In the fifteenth century the practice of using *de* after a negation was common, but the omission was not infrequent.

>...et *n*'y a *de* difference.... (R 274:15)
>
>...*n*'avoit *plus d*'enfans.... (R 41:31)
>
>...ja vostre cité *ne* vous garantiroit *de* sa puissance. (JP 62:14-15)
>
>...et dist que *point n*'y a *faulte*.... (Q 42:7)
>
>....et si *n*'y a *difference* entre eulx et luy.... (JP 30:8)

After a preposition or before a noun preceded by an adjective, the partitive was generally omitted in the fourteenth century; but during the fifteenth *de* was often employed before an adjective.

>...et par estuides renommees *o grant grief* et *a lonc travail* de nos cors et *o grans despens* et *o grans souffroites* et *o tres griès perilz* de nos personnes. (CHM 18)

> La .4.: Chancre de cause intreseque, chancre *en ners, en lieux ner-*
> *veus, en os,* es membres dessus . . . . (CHM 2033)
>
> . . . il donne *grans disners* comme noces . . . . (E 74c)
>
> . . . fut *par venin* empoisonné . . . . (CE 296:8)
>
> . . . mais l'en y oit *de grans bruiz* . . . . (S 88C:5)
>
> . . . elle doit . . . son vaissel à moudre froter *de bonnes herbes*
> . . . . (Q 76:6-8)
>
> Par Dieu, vous me baillez *de bonnes raisons.* (JP 41:26-27)

From the earliest years of the fourteenth century, constructions are found indicating the partitive idea and pointing toward modern usage.

> Le counte de Cestre avoit grantment perdu *de sa gent* e vist dejouste ly Willam le fitz Waryn . . . . (FFW 73:29-30)
>
> Isorie prist sa harpe, qe molt riche fust, e fist *des caunz* e notes pur solacer Fouke . . . . (FFW 75:30, 76:1)
>
> . . . qu'il eüst *des plus riches dames* et damoiselles qui soient en toute crestienté . . . . (B 310)
>
> . . . prince, qui par sa langue fait congnoistre se il est dedenz son corps *de vices corrumpus* et *de males meurs* . . . . (CE 302:9-11)
>
> Belotte Camuse dist qu'il y a *des mirouers* à Bruge . . . . (Q 64: 21-22)

It has been said that as a rule no article was necessary to indicate indeterminate quantity. Although such was the general practice throughout the period, a few rare examples have been found of the true partitive (*de* plus the definite article) used in the affirmative singular.

> . . . et adonques il convient prendre *du triacle* de nois a la preservation d'iceux . . . . (CHM 1745)
>
> Bolliés vin et seil, puis mellés ovec *du bren* . . . . (CHM 1187)
>
> Mes se celui qui a *du fourment* a superhabondance ne a present besoing de vin . . . la monnoie nous en est plaige. (E 100c)
>
> Adonc se despouilla et demanda *de l'uille,* si se oingnit ainsi qu'il estoit acoustumé a faire. (B 435)
>
> Lors fist tantost Prudens aporter *de l'eau* bouillant, si osta le corps de la glu . . . . (B 405)
>
> Et je m'en voy querir *de la farine* et *du burre* . . . . (Q 69:12-13)
>
> . . . je vous donray *de l'argent* bien largement . . . . (JP 43:10)

Quite often the Middle French writer had recourse to reinforcing words, such as *aucun* and *nul*, although their presence in the sentence did not necessarily alter the basic meaning.

> ... car la beste morroit avant que il atainsist a eulz *nul* nuisement de hors. (CHM 198)
>
> ... il covient que il ait recours a *aucunnez* ruilles generaulz .... (CHM 2029)
>
> ... les autres sont *aucunes* oeuvres ou choses faites hors les operacions ou façons .... (E 2d)

It is true that in the first of the above clauses, *nul* strengthens the idea of "any harm whatever." But in the second clause, "aucunnez ruilles generaulz" could be expressed without any alteration of meaning by "ruilles generaulz" in Middle French or "des règles générales" in the modern language.

CHAPTER II

THE ADJECTIVE AND THE PARTICIPLES

THE ADJECTIVE

Declension of adjectives. In Old French the adjective was declined, following the same pattern as the noun. Also like the noun, the adjective had already, for any practical purposes, lost the declension system as early as 1314.

> Mes le cors *humain* est par ses parties . . . . (CHM 49)
>
> Moris e ces chevalers furent molt *hardis* . . . . (FFW 45:22)
>
> . . . il estoit a un des lez vermeil comme sanc et a l'autre costé *blanc* comme nege. (B 416)
>
> . . . se ilz sont *bons* ouvriers de leurs mestiers . . . . (AD 267: 19-20)
>
> . . . le *viel* homme sacha toute la queue du fort cheval. (S 27:146)
>
> Finablement, les deliz *mondains* y sont tielz que cuer pourroit penser . . . . (S 97C:9-10)

The few examples that are apparently vestiges of the declension system are in fact only haphazard accidents or grammatical errors.

> . . . il est *necessaires* . . . . (CHM 253)
>
> . . . se ce estoit *voirs* . . . . (CHM 1988)
>
> Le roy fust mout *sages* . . . . (FFW 2:6)
>
> Quant Fouke fust de dys huit ans, molt par fust *beals, fortz* e *grantz*. (FFW 12:19-20)
>
> . . . il ne lui demoura riens, et se parti de Romme *povres* . . . . (B 429)
>
> . . . si ay grant merveille que li *bon* trouveour qui jadiz furent n'en ont fait plus grant mencion . . . . (B 1)

Agreement of adjectives. An adjective agrees in gender and in number with the noun it modifies. Such is the case in Old, Middle, and Modern French.

> sanc noir (CHM 755)
> aucune cure neuve et legiere (CHM 5)
> beles neces (FFW 8:19)
> gentilz hommes (B 545)
> faulx argumens (AD 266:16)
> belle manière (Q 73:12)
> chault potage (Q 80:12)

petites lettres (S 49:858)
poilz blans (S 149C:12)
choses salutaires (JP 3:8)

When one adjective modified two or more substantives, the adjective generally agreed in gender and in number with the nearest substantive, although agreement in the masculine plural was not unknown.

La grant mortalité et damage (FFW 17:19)
aucune disposition ou accident (E 223d)
unes meïsmes viandes ou boires (E 62c)
grant estrif e guere (FFW 6:10)
bonne ayde et conseil (S 35:412)
signification et entendement contraire (AD 277:13)
couvoitise et pechiez desordonnez (CE 304:6)
ses beau pere et mere (JP 91:15-16)
de fils et de filles biaus et bons (E 15b*)

Two unusual constructions, involving two adjectives that modify a single noun, might be noted. In each case it is a question of two things considered as separate units by the writer. He therefore writes the article in the plural, but each adjective, modifying its particular unit, is written in the singular. In the first example the noun is plural while in the second it has the singular form.

... ces Euvangiles furent commencéez dès *les premier et second eages* du monde .... (Q 5:2-4)

... pluiseurs choses *des viel et nouvel Testament* .... (Q 10: 24-25)

The rule for the formation of the feminine was the same as it is today: an *e* was added to the masculine form, unless that form already ended in a mute *e*. In Old French there were certain adjectives, the most common of which were *grant, fort,* and *tel,* that came from Latin third declension adjectives and therefore had no feminine forms in -*a*. Consequently the feminine was distinguished from the masculine only by case endings. In the language of the fourteenth century the cases had disappeared, and the feminine -*e* gradually gained ground. The feminine forms did not originate in the fourteenth century (Lucien Foulet cites an example from *Le garçon et l'aveugle*[1]), but they were so rare in Old French that only a careful search will uncover them.

[1] *Petite syntaxe de l'ancien français* (3rd ed.; Paris: Champion, 1930), p. 80.

Grant was the most reluctant of these adjectives to relinquish its neutral status. In the *Cyrurgie*, *grant* occurred 28 times modifying a feminine noun, 25 of these in its neutral (which is the same as the masculine) forms; even at the end of the fourteenth century the prose portions of the *Art de dictier* contained only one example of the feminine form. Most of the feminine forms with *-e* were found in the *Quenouilles*, a popular work of the fifteenth century, in which there were 12 out of 29 possibilities. But in *Jehan de Paris*, at the end of the period, the ratio of neutral to feminine was fifteen to four.

... et en après soit dessus mise a toute la plaie une *grant* piece d'esponge amoistie .... (CHM 1036)

... furent gent de *grant* valour e force .... (FFW 82:5)

... l'une est petite, l'autre moienne, l'autre *grande*, et choses apperent. (CHM 1359)

... et fist on moult *grant* joie de sa venue .... (B 488)

... et endurent une chose laide ou triste pour aucunes choses *grandes* ou bonnes. (E 40b)

... et de ce vous sera *grant* gloire remunerée .... (CE 303:5-6)

... de la plus petite somme jusques a la *plusgrande* et haulte .... (AD 268:15-16)

... et Venus en avoit *grant* joye .... (R 45:23)

Or veez comme *grant* seignourie fut acquise .... (S 30:242)

Car ilz ygnorent la *grande* noblesse des dames .... (Q 1:15)

... car *grant* compassion avoient du roy d'Espaigne .... (JP 6:2-3)

Forte, fortes had gained an ascendancy over *fort, forz* (modifying a feminine substantive) by the early years of the fourteenth century. Nineteen out of 24 occurrences in the *Cyrurgie* agreed in the feminine. Throughout the fifteenth century the feminine form was used regularly.

... sa quantité est complete de char dure, ausi com lacerteuse, *fort*, official .... (CHM 307)

... par plus *fortes* manieres .... (CHM 823)

... et qu'il ne leur laisse avoir *forte* tour ne fort chastel .... (B 219)

Est sont les plus *fors* balades qui se puissent faire .... (AD 277:6)

... et vous par plus *forte* raison a moy, qui suy la mere de tous! (CE 309:5-6)

... dont est tres *forte* chose a adresser ceulz qui de ces vices sont ferus .... (S 19:398-99)

... et me semble que la ville est assez *forte* a l'encontre d'eulx .... (JP 8:10-11)

Tele, teles had also progressed rather far by the first part of the fourteenth century. Already the feminine form had replaced the neutral in a majority of cases. In the *Cyrurgie* there are 42 cases of the feminine as opposed to 23 of the neutral. *Tel, telz* occurred only 4 times in 30 in *Bérinus,* and 1 out of 35 in the *Livre de Ethiques.* The feminine form was in regular use in the fifteenth century.

... se il y a aucune *tel* chose en la plaie .... (CHM 711)

E *tiele* dure vie avoms demeyné. (FFW 78:9)

... les anciens mires qui metoient tentes en *teles* plaies .... (CHM 1186)

Et de *telles* arts et doctrines aucunes sont dessous une autre .... (E 3a)

Et d'autre part, il y eschiet trop grant dommage en refuser *tel* seignorie et *telle* noblesce .... (B 172)

... en *telle* maniere que .... (CE 306:18)

Et se *telle* seignourie dure .... (S 7:25)

Or est ainsi doncques que pour obvier à *teles* injures et *teles* mocqueries mettre à néant .... (Q 2:11-12)

Et avec ce venez ... avecq *telle* compaignie que vous semblera bon .... (JP 6:31-33)

Beside *grant, fort,* and *tel,* we find a single form for adjectives ending in *-al, -el,* and occasionally *-er.* The young translator of the *Cyrurgie,* among others, seems to have been in a constant state of indecision. When speakers and writers become uncertain as to what course to take or what decision to make, one can be fairly certain that a practice outside the regular pattern will shortly disappear.

... a l'extraction *cruele* des choses qui sont a traire, c'est a savoir o le fer et o l'operation *manuel.* (CHM 963)

La .1. les queles sont par necessité *mortelz.* La .2. lesqueles ne sont pas *mortelz.* (CHM 1208)

... la complexion *naturel* .... (CHM 1727)

... choses non *natureles* .... (CHM 1949)

By mid-fourteenth century, *-ele* outnumbered *-el* (f.) two to one

(*Livre de Ethiques*); yet in 29 instances *-al* (f.) was found 18 times, as against *-ale* 11 times. Words ending in *-er* had already established a feminine form by mid-century.

> ... il a consideracion et usage de la proposicion *universele*, mais non pas de la *particuliere* ou *singuliere*. (E 136c)
>
> Item, chose injuste est dite de chose *illegale* et de chose *inequale*. (E 90c)
>
> Mais semble que elle soit plus *principal* .... (E 128d)
>
> ... mon cuer vous fera *loial* compaigne .... (B 486)
>
> ... que lors ne muire de *crüel* mort. (B 153)
>
> ... ce ne feust chose *esperituelle* .... (B 417)

By the end of the fourteenth century adjectives ending in *-el* and *-er* regularly added the feminine *e* when modifying feminine nouns, and in the fifteenth century *-ale* became regular.

> Et est a sçavoir que nous avons deux musiques. dont l'une est *artificiele* et l'autre est *naturele*. (AD 269:25-26)
>
> ... mettre a fin l'injure et violence faicte a leur mere *singuliere* .... (CE 309:4-5)
>
> ... *principale* deesse .... (R 71:7)
>
> ... mort *naturelle* .... (S 166:67)
>
> ... *desloyalle* compaignie .... (S 37:462)
>
> ... memoire *perpetuelle* .... (Q 3:4-5)
>
> ... *principalle* seigneurie .. (JP 31:10)
>
> ... gloire *eternelle* .... (JP 94:5)

Comparison of adjectives. The comparative degree was formed by placing *plus* or *moins* before the adjective, as it was in Old French and as it is today.

> ... quar cele partie est *plus plaine* et *mains reonde* .... (CHM 172)
>
> ... et que les uns sont *plus justes*, les autres *moins justes* .... (E 201a)
>
> ... et *plus habiles* après a estudier et labourer aux autres .vi. ars dessus nommez. (AD 269:23-24)
>
> ... et dist qu'il n'estoit chose *plus vraye* que cest Euvangile .... (Q 27:19-20)
>
> ... et le appelle Vallerius *plus bel* que cellui de devant ... (S 29:198)

When the comparative was followed by a clause, it was linked with the clause by the conjunction *que*, and the verb was preceded by the pleonastic *ne*.

> ... la .3. que la forme du muscle soit *plus bele qu*'el ne fust s'el fust toute roonde. (CHM 279)
>
> Vous demorréz ou moy e je vous dorroy *plus riches* terres qe vous unqe n'avyéz en Angleterre. (FFW 57:23-25)
>
> Et aussi comme liberalité, qui est en *mendres* choses *que* n'est magnificence .... (E 34b)
>
> ... dont les Rommains en furent les plus villonez, et non pas *mains dommagiés qu*'ilz ne avoient esté par Hanibal .... (S 36:438-40)

Certain adjectives in Old French were compared irregularly, e.g., *bon, mauvés, grant,* and *petit*. These adjectives had special forms for the comparative and superlative degrees and had no need for *plus* or the article.

In Old French:

bon	mieldre	meillor
mauvés	pire	peior
grant	graindre	graignor
petit	mendre	menor

Middle French made some changes in these forms and also compared some of them regularly. *Mieldre* and *peior* had apparently disappeared from the popular language. *Graindre* occurred only in *Fouke Fitz Warin, meneur* only in the *Cyrurgie*, both early fourteenth century. The article became the sign of the superlative, since the tendency was toward one form of the adjective for both comparative and superlative degrees.

bon	meilleur	le meilleur
mauvais	pire	le pire
	plus mauvais	le plus mauvais
grant	greigneur	le greigneur
	graindre	
	plus grant	le plus grant
petit	mendre	le mendre
	plus petit	le plus petit
	meneur	le meneur

> ... homme ne saveit a cel oure nul plus fort ne *meylour* .... (FFW 24:24-25)

La dit il que *le meilleur* mire et cyrurgien est cil du quel la consideration est plus prochaine . . . . (CHM 545)

. . . et luy fallut faire *la meilleur* contenance qu'il luy estoit possible pour son honneur. (JP 66:26-27)

Et en verité, la fole opinion que ilz ont les fait estre *pires* ou *plus mauvais*. (E 79a)

. . . et le venin des malles est *le pire*. (CHM 1823)

. . . ilz laisserent de gré eschapper *le plus malvais* cheval qu'ilz eussent . . . . (S 49:848-49)

. . . car chalour innaturel a *greignour* segnourie en venin chaut que ou froit et oevre plus forment (CHM 1558)

. . . ainçois avint aucune fois que *les meneurs* successours ameillourissent les edicions tres excellens de *leur greignors* predecesseurs . . . (CHM 10)

Dyane fu *la greigneur* chasseresse des autres . . . . (R 71:3)

Al quart jour dit sire Joce qe *greyndre* honour serreit pur eux de lessir le chastel e morir en le champ a honour qe morir en le chastel de feym . . . . (FFW 26:10-11)

. . . il n'est ou monde *plus grant* douleur à femme que quant son mari va autre part . . . . (Q 105:11-13)

. . . c'est *le plus grant* et *le meilleur* de tous les biens humains. (E 14b)

. . . ja soit ce que il soient *meneurs* que les plaies des autres membres, car en la demeure de cestes gist *greigneur* peril . . . . (CHM 1131)

. . . celle qui est *mendre* et *plus petite*, et elle meïsmes est *plus petite* ou resgart de une autre qui seroit *plus grande*. (E 36b)

. . . car de plusieurs maulx fait bon eslire le mendre. (B 398)

. . . dont *la mendre* doit estre de dix nobles hommes . . . . (S 233:1-2)

. . . car *la plus petite* part d'eulz est nommee consenblable a son tout. (CHM 54)

. . . l'en n'oy onques parler de cité de *greigneur* dignité ne de *plus grant* noblesce. (B 2)

. . . mais avant fist venir tous *les plus grans* homes de la cité . . . . (S 157C:12)

Unlike the composers of Old French, the Middle French writer preferred to use *que* to link the comparative with a noun or pronoun, rather than the *de* favored by the twelfth- or thirteenth-century author. Even as late as the fifteenth century, however, one finds an occasional *de*. *Que* also joined the comparative with a prepositional phrase.

>... *plus dur que* char, *plus mol que* os .... (CHM 117)
>
>Donques est operacion de vertu *meilleur que* vertu. (E 12d)
>
>... qu'il est en concience *pire que* larron .... (Q 17:6-7)
>
>... il ne lui seroit possible de me laissier pour une aultre *plus jone de* moy. (Q 74:7-8)
>
>... car chalour innaturel a *greignour* segnourie en venin chaut *que* ou froit et oevre plus forment. (CHM 1558)

De was commonly employed before numerals in both centuries, but *que* is found frequently in the fourteenth.

>A tant vint un dragoun qe la prist e emporta en un haut mount en la mer e la tynt *plus qe* sept aunz .... (FFW 76:8-10)
>
>... et dura la feste *plus de* .xv. jours .... (B 372)
>
>... mais oncques n'en trouvay ne plus ne *moins de* cent. (S 74C:8-9)
>
>Oui, sire, *plus de* dix mille .... (JP 49:31)
>
>... il y a *plus de* trois lunoisons que Jan Ployart mon baron ne fist ne çou ne quoy .... (Q 26:5-7)

The superlative degree was formed by placing the definite article before the comparative degree, except in cases in which the possessive adjective replaced the article. In Old French the article had been omitted more frequently than it was used with the superlative.

>Et ceste maniere de lier est *la plus profitable* et *la plus legiere* des autres desus dites .... (CHM 1599)
>
>... dont le roy fust *le meynz doté* d'assez. (FFW 49:14-15)
>
>... et est *la plus longue* forme qu'il doye avoir .... (AD 281:19)
>
>... qui avoit *les plus beaux* cheveux que oncques homme portast .... (R 68:23-24)
>
>... il est jeudy, qui est jour de recreacion, et *le plus cras* de la sepmaine. (Q 68:18-20)

Position of adjectives. The position of the adjective was not fixed in the Middle French period. Indeed, it is difficult to draw any conclusions whatsoever concerning its position, which seemed to be determined solely by the fancy of the writer. The strongest statement one can make is to say that indefinite and numerical adjectives usually preceded the noun; adjectives of nationality and religion generally followed the noun. Certain descriptive adjectives such as *bel, laid, jeune, vieil, grant, gros, petit, haut, riche, douce, bon, mauvais, noble, gentil, faus* appeared before the noun more frequently than after, but were often found in the latter position. Others, long or short, were written before or after at the whim of the author.

    nulle chose (FFW 65:5)
    chascun jour (CHM 1806)
    telle bonté (B 539)
    aucune maniere (E 16a)
    plusieurs autres (S 162C:10)
    toute science (AD 266:13)
    premiere barriere (JP 72:10)
    ymage nulle (B 435)
    serjantz plusours (FFW 50:12)

    menestral ethiopien (FFW 52:4)
    docteurs catholiques (E 1a)
    religion crestienne (CE 303:12)
    chevaler engleys (FFW 56:1-2)

    beles neces (FFW 8:19)
    belle ordonnance (JP 8:31)
    laide mort (CHM 2235)
    healme lede (FFW 14:30, 15:1)
    jeunes princes (JP 73:22)
    beste jeüne (CHM 1728)
    vieille matronne (Q 41:20)
    dame vielle (B 532)
    grantz geans (FFW 3:22)
    grant eur (Q 124:11)
    veine grant (CHM 389)
    gros entendement (AD 292:1)
    grosses lieues (B 485)
    vaines larges (CHM 2104)
    petit volume (Q 7:28)
    petite letre (AD 266:14)
    haulte loge (B 420)
    riches draps (FFW 35:29)
    douces paroles (AD 271:8)
    bonne lapidaire (R 67:26)
    bons ouvriers (AD 267:19)
    mauvaises nouvelles (Q 49:19)
    char mauvese (CHM 1341)
    noble courage (E 1d)
    membre noble (CHM 2192)
    gentile damoisele (FFW 16:1)
    faulx Juifs (B 530)

    neyrs charbouns (FFW 23:20)

dens noirs (Q 80:14)
blanche chemise (B 416)
cheval jaune (B 417)
chault potaige (Q 80:12)
eaue froide (CHM 1833)
vertu forte (CHM 1755)
forte raison (CE 309:5)
nombre commun (AD 268:1)
communes gens (E 58a)
longue estude (E 11b*)
fourme longue (CHM 1343)
nouvelles robes (B 535)
loy nouvelle (B 530)
douleur dure (CHM 1406)
dur estour (FFW 43:28)
malicieuse sorciere (B 543)
operation dolereuse (CHM 1382)
dolereuse pensée (CE 296:7)
anciennes maisons (CHM 1865)
plaies ancianes (CHM 1330)
mortelle hayne (S 219:380)
mort naturelle (S 166:67)
livres morals (E 1d)
merveilleuse joye (JP 17:9)
portion clere (CHM 1269)
divine loy (CE 303:13)
couvoiteuse volunté (CE 296:1)

If two adjectives modified the same noun, varying combinations of position are found with no apparent system. The adjectives that tended to precede the noun when used singly often preceded when used in combinations. *Et* (*ne*) frequently connected the adjectives, though it was not required.

maveys vileyn bercher (FFW 61:5)
cicatrique *laide et vilaine* (CHM 2233)
bonne, ferme santé (CHM 22)
villaine et honteuse mort (B 562)
belles et honestes dames (JP 76:9)
choses *laides ne ordes* (AD 302.3)
maigre et longue femme (Q 57:19)
feste *grande et planteureuse* (JP 86:28)
viel homme *et ancien* (B 75)
grosses lèvres *et vermeilles* (Q 77:4-5)
beaux pere *glorieux* (B 515)
grandes males fortunes (E 17c)
tresbelle et riche porte *tresreluisant* (S 90C:5-6)
medecines *simples tres bonnes* (CHM 1757)
son *sensible excellent* (CHM 175)
sainte cité *imperial* (B 552)

Demonstrative adjectives, relative adjectives, interrogative adjectives, possessive adjectives, and indefinite adjectives will be considered under the pronoun, with which they are directly linked.

THE PARTICIPLES

The Present Participle

Agreement of the present participle. The present participle was treated in the Middle French period as an adjective, and like the adjective it agreed with the noun or pronoun it modified. Contrary to modern usage, this agreement was not confined solely to cases in which the participle served as a true adjective. It agreed also when the participle was a verbal adjective, although in the fifteenth century one occasionally sees the invariable form.

Belonging to the third declension in Latin, like *grant, tel, fort,* etc., the present participle had had in Old French one form for both masculine and feminine genders. In the Middle French period also, in the majority of cases, masculine and feminine forms of the participle were the same.

> Mirach, si comme il est dit, est toute la composition *demourant* de la partie dehors (et c'est la pance). ((CHM 350)
>
> ... ceus terres sunt de sa seignorie, *aportenauntz* a Powys .... (FFW 25:12-13)
>
> ... aus grans morseaus *passans* par meri. (CHM 261)
>
> ... les guerres, dissencions et ambicions *estans* au jour d'uy entre vous touz .... (CE 306:14-16)
>
> ... une femme *entrant* au matin en son estable .... (Q 129:6-7)
>
> ... il y ot cent et trente nefz *flotans* en mer et *tenans* aux ancres. (S 33:329-30)
>
> ... lesquelles treves *durans,* il fist tant qu'il mist lui et son ost hors de peril. (S 50:893-94)
>
> ... quant un homme chevauche par le chemin et il rencontre une femme *filant,* c'est très mauvais rencontre .... (Q 67:4-6)
>
> ... et trouva ... glay et aultres herbes *odorans* .... (R 40:11-12)
>
> Les guides du païs ... *voyant* sa desaventure, s'enfuirent de lui .... (S 44:711)

Nevertheless, a feminine form was rapidly coming into use in the early years of the fourteenth century. In the *Cyrurgie,* out of 45 occurrences, 20 participles carried the feminine *-e*; and in *Fouke Fitz Warin* the feminine form occurred fifty percent of the time. Yet the feminine form did not appear in the *Art de dictier*, and in the *Salade* it occurred only 2 times in 14.

> Ulceration est plaie porrie ou faite porrie, *metante* hors porreture ou autre ordure . . . . (CHM 1454)
>
> . . . une molt bele damoisele *ploraunte* . . . . (FFW 65:11-12)
>
> Et les choses *appartenantes* a "epyeykee" vers lesquelles est "gnomé" sont communes a tous biens humains qui regardent autre personne. (E 127b)
>
> . . . et fault que toutes les lignes [soient] *retournantes* et sugites a la premiere ligne . . . . (R 20:18-19)

If the present participle served as a mode of the verb, or was used after the preposition *en*, it was as a rule invariable.

> Pus avynt qe la dame fust enceinte e *fust* privément *demorant* a Albreburs . . . . (FW 53:27-29)
>
> . . . et pour ce soit delaissié a l'experience et a l'ordenance de cil qui *est ouvrant* en ce. (CHM 663)
>
> Lors *alerent* tant *cherchant* de rue en rue qu'ils trouverent un mout riche hostel . . . . (B 49)
>
> Quant on voit les loups *venir querant* leur proie . . . . (Q 126:8-9)
>
> Nous recommenceron a parler de delectacion *en manifestant* plus a plain que ce est et quelle chose ce est. (E 203a)
>
> L'autre musique . . . est une musique de bouche *en proferant* paroules metrifiées . . . . (AD 270:20-23)
>
> . . . tant est la cave estroitte et petite *en descendant* fort contre bas. (S 79C:2-3)
>
> . . . lesquelz vont *en rondelant* et *en respondant* baston a aultre . . . . (R 4:18-19)
>
> . . . quant les petis enfans portent banières et confanons *en chantant* par les rues . . . . (Q 25:17-18)

Uses of the present participle. The present participle had three distinct functions. It served as a true adjective, as a verbal adjective, and as part of the progressive tense which was formed by combining the verbs *estre*, *aler*, or *venir* with the present participle. Also, on rare occasions, it might be used as a noun. Below are some examples of each of these uses.

1. True adjective

> . . . e ne trova lenyz honme ne beste *vivant* . . . . (FFW 64:2-3)
>
> . . . les rieulles *ensivanz* qui sont a garder. (CHM 616)

Car telz gens ainsi *nuisanz* et *pechans* font chose injuste et tels fais sont injustificacions. (E 106c)

...il sembloit qu'il eüst divers serpens vifs et *remuans* .... (B 128)

...et les corps respirans *regardans* par veue eslevée ou firmament .... (CE 297:8-9)

...l'aubette du petit enfant sur la pointe d'une espée *trenchant* et clere .... (Q 22:17-19)

2. Verbal adjective

...virent meint bon hauberc, healmes e espeiez e autres armes, *gisantz* yleqe .... (FFW 65:3-4)

La .2. partie principal, *entrant* en la composicion du bras, est composte de ners .... (CHM 275)

La sont toutes manieres d'arbres *portans* fruit .... (B 77)

...ceulx dedans, *considerans* que les Galx ne avoient nulle esperance .... (S 38:515-16)

..me *priant* en oultre que voulsisse entreprendre de mettre par escript un petit volume .... (Q 7:26-28)

3. Progressive tenses

...et le venin qui *est issant* de l'ulcere .... (CHM 1557)

Le roy *vynt poignant* a Fouke .... (FFW 56:18)

...Aigres entre lui et et son compaignon Orchas *s'en alerent esbanoiant* dehors le chastel de Dijon .... (B 546)

...mais quant les pechans *sont estans* ignorans pour aucune passion qui n'est pas naturele ne humaine .... (E 107a)

The progressive tenses are common in *Fouke Fitz Warin* and *Bérinus*, but are almost nonexistent in the *Cyrurgie*. Nevertheless they are still found occasionally as late as the fifteenth century.

...se vous n'*estes* ces choses briefment *considerans*. (CE 305:16-17)

Lors luy compta par vraie confesse la somme de ces pechiez dont il *estoit souvenant* .... (S 104C:7-9)

Quant on voit les loups *venir querant* leur proie .... (Q 126:8-9)

The present participle served as a noun on rare occasions.

Et com le lait soit *le remaignant* du norissement des mameles qui sont blanches, il doit estre blanc par necessité. (CHM 297)

... mais quant *les pechans* sont estans ignorans pour aucune passion qui n'est pas naturele ne humaine .... (E 107a)

... repuctant, en ce cas, estre semblable *le dormant* comme mort. (S 60:1177-78)

... sachiés que homme qui par adultère rompt son mariage est moins prisié que ung juif ou *mescroiant*. (Q 105:19-21)

... car je l'ay fait pour seullement faire passer le temps *aux lisans* qu'ilz vouldront prendre la peine de le lire. (JP 3:19-21)

The Past Participle

In Old French the past participle was declined like the adjective when it was so employed or when it was combined with *estre*. In the latter case the participle took a final -*s* if the subject of *estre* was masculine and omitted it if it was masculine plural. This declension had disappeared except for a few rare survivals throughout the period.

... jusqu'au temps qu'*il est nés*. (CHM 433)

... si vyrent le roy Phelip de Fraunce, *qe fust venuz* as champs pur vere ces chevalers de Fraunce jostier. (FFW 55:15-17)

Or vous diray d'Aigres qui fut moult angoisseux de ce que *son pere estoit pendus*. (B 416)

... *Jhesu Crist ... estre sepulturez* et au tiers jour relever en sa lumiere et aler ou lymbe des Peres .... (CE 306:8-9)

Ainsi doit *estre rondelez un rondel* .... (R 21:5)

... mais soudainement *je fus* d'elles *rappellez* et de fait *arrestez* par la robe d'une d'elles .... (Q 7:5-6)

Agreement of the past participle. Since the uses of the past participle are varied, we shall note agreement as we take up each use.

Uses of the past participle. In Middle French the past participle was used as a true adjective; a verbal adjective; with the verb *estre* to form the passive voice; with *avoir* and *estre* to form the compound or perfect tenses; and occasionally as a noun.

1. The true adjective. The participle agreed in gender and in number with the noun or pronoun it modified.

... quinze chevaliers bien *montéz* e *armés* .... (FFW 33:9-10)

Toutesvoies, outre les *dites* causes des ulceres, sont aucunez causes de fistules si com il apert en la *dite* cure des ulceres .... (CHM 1906)

... et eles ne soufficent a la cure du spasme es membres *navrés* .... (CHM 1319)

> ... ceuls qui sont *courrouciéz* et *ayréz*. (E 58c*)
>
> ... ainssy longuement le indigna par sa grant force non *vaincue* .... (S 34:367)
>
> Elle se mesloit en sa vieillesse de recevoir les enfans nouvellement *nez* .... (Q 14:13-14)

2. The verbal adjective. The participle agreed in gender and number with the noun or pronoun it modified.

> Le roy Johan fust home santz conscience, mavois, contrarious e *hay* de tote bone gent e lecherous .... (FFW 49:7-8)
>
> Les ulceres *engendrees* es successions de maladie sont fortes a curer .... (CHM 1518)
>
> Mais vertu naturele ou *acquise* par acoustumance est en nous principe et cause .... (E 147c)
>
> ... eulz et leurs chevaulz *houssez* de coutes et paremens de leurs armes .... (S 212:133-34)
>
> Les deux heraulx estoient tous deux vestus d'ung riche drap d'or, *montez* sur deux acquenees blanches .... (JP 45:6-7)

3. The passive voice. As in Modern French, the passive voice in the Middle French period was formed by combining some form of *estre* with the past participle of a verb. The participle then agreed in gender and in number with the subject of the verb *estre*.

> Environ la cure commune sont *donnees* .4. *riulles* generaulz. (CHM 1289)
>
> Les *choses* semblent estre involuntaires quant *il sont faites* par violence .... (E 39c)
>
> ... ilz vindrent a leur hostel ou *ilz furent* richement *receüz* .... (B 484)
>
> ... si que par vostre deffault et negligence *je ne soye* adultère *clamée* .... (CE 307:15-16)
>
> ... est amy de Dieu et puelt *estre appellé* juste au cuer .... (S 9:68-69)
>
> ... *ont esté trouvéez* six *matrones* sages et prudentes .... (Q 4:1-2)
>
> ... ou *ilz furent* moult joyeusement et honnorablement *receuz* .... (JP 16:16-17)

4. Compound tenses. A compound or perfect tense is formed usually with the verb *avoir* plus the past participle. Reflexive verbs and certain intransitive verbs (the same, or almost the same,

in Middle French as in Modern French) require the use of *être* as the auxiliary verb.

When *avoir* was used as the auxiliary verb, the past participle, as one would expect, agreed with the preceding direct object (noun, object pronoun, relative pronoun).[2] Otherwise, with a few exceptions, it was invariable.

> ... les choses *que* il ont nouvelement *trouvees* et *esprouvees* .... (CHM 10)
>
> Si encontra un messager trop jolyvement chauntant e avoyt *vestu* la teste de un chapelet de rose vermayl. (FFW 37:19-21)
>
> ... la .1., pour ce qu'ele reçoive miex les choses sensitives; la .2., a ce qu'el les puisse miex retenir, quant elle *les a receues.* (CHM 229)
>
> ... et quant vous *les* avrez *veues* .... (B 56)
>
> Quant Orchas ot *la damoiselle* Romaine *plevie* et *fiancee*, ainsi que vous avez oy, l'empereur de Romme fist semondre et assembler ses ostz. (B 569)
>
> ... et *les humbles et debonnaires* a *eslevez* et *exauciez* .... (AD 294:15-16)
>
> ... j'ay mis une partie des bonnes et plaisantes choses *que* j'ay *veues* et *leues* au plaisir de Dieu .... (S 3:18-19)
>
> ... et dont des biens *que* d'elles ay *receus* assez ne me sauroi loer .... (Q 2:17-18)
>
> ... je n'en sçay riens, car point ne *les* ay *veuz* au voyage. (JP 54:15-16)

Now and then, when the direct object followed the verb, one finds the past participle agreeing by anticipation.

> Vous savéz bien qe sire Thebaud le Botiler ... avoit *esposee dame Mahaud* de Caus, une mout riche dame .... (FFW 41:6-9)
>
> ... ou il le faint pour ce que il n'a pas encore *eue la pecune* que il pensoit a avoir .... (CHM 2246)
>
> Item, il semble et dit l'en que les gens ont *faites* et voluntairement *les choses* mesmement que ilz ont faites avecques raison et selon raison. (E 190b)
>
> La mercy Dieu, j'ay *veues toutes nos nefz* qui viennent toutes d'un front et si ay veu terre .... (B 48)
>
> ... s'il n'a *faitte sa penitance* en ce monde par les hospitaux. (Q 16:4-5)

---

[2] Clément Marot (1495-1544) has been credited with formulating this rule. Apparently the practice preceded him by two hundred years.

... vous et voz gens avez *trouvez bons habillemens* contre la pluye et le maulvais temps. (JP 39:1-3)

Estre was required as the auxiliary verb in the compound tenses of certain intransitive verbs, such as *naistre, mourir, aler, venir* (and its derivatives), *partir, entrer,* etc., the same as in Modern French. *Issir* and *cheoir*, which have been dropped from the language, were also conjugated with *estre*. The past particple of these verbs had to agree in gender and number with the subject.

... mes ore *est ele revenue* ou pueple saunz nombre .... (FFW 76:18-19)

Choses froides soient appliquies aus ulceres *qui sont cheues* en chalour .... (CHM 1514)

... estre bien informez dont *ilz sont venus* .... (S 164:5-6)

... et furent ainsi les deux chevaliers convoiez jusques en leur hostel ou *ilz estoient* premier *descendus*. (B 522)

Boe est engendree materialment de sanc *qui est issu* des veines .... (CHM 1666)

... et *feust tombé* se ce ne feust Orchas son compaignon qui le retint entre ses bras. (B 491)

... maintes foiz *est advenu* et puelt advenir .... (S 17:323)

... car en cinq sepmaines *il fut allé* et *revenu*. (JP 7:10)

... quant un enfant *est né*, qui lui porteroit le petit boyau jusques au chief .... (Q 22:5-6)

Some verbs, today normally conjugated with *avoir*, were conjugated with *estre* in the fourteenth and fifteenth centuries, especially if they were used intransitively.

... après i soit mis tout le vin *qui est demouré* .... (CHM 906)

... et eulx *soyans fuis* en Prouvence .... (S 183:646)

Quant il *fut eschappé* .... (S 32:322)

... e, quant *furent passés* demie luwe de la cité, vindrent aprés eux quinze chevalers .... (FFW 33:8-10)

... je veis que le temps *estoit changé* comme s'il vouloit plouver. (Q 92:14-15)

As in Modern French, the past participles in compound tenses of reflexive verbs agreed with a preceding direct object.

... qu'il ne *se feussent moquez* de lui .... (B 437)

... par quoy je sceus comment la nuit *s'estoit portée*. (Q 71:9-10)

... *me suis delicté* a traire de mains livres .... (S 3:5)

The past participle was frequently used as a noun.

... et se le sanc court et *le navré* le voit, l'en li doit dire que c'est a son bon pourfit. (CHM 672)

... comme malvais *excommenié* qu'il estoit. (S 172:298)

... car *les passéez* et presentes sçavent de leur propre nature .... (Q 2:6-7)

... je vueil descripre aucune chose de sa genealogie et *venue*. (Q 86:1-2)

Chapter III
THE PRONOUN

The pronoun is the part of speech that replaces a noun. Unlike the noun, however, some pronouns are still declined today. Pronouns are generally divided into classes: personal, possessive, relative, demonstrative, interrogative, and indefinite. Except for the first, the pronoun has a corresponding adjectival form for all these categories. These adjectives will be considered in this chapter, instead of with the adjective, because of their close kinship with the pronoun.

Personal Pronouns

The personal pronouns may be divided according to cases. The nominative case is represented by the subject personal pronouns; the objective case by the object personal pronouns (i.e., direct and indirect objects of the verb) and the disjunctive pronouns (objects of prepositions). The disjunctive pronoun was also generally employed if the pronoun stood alone, and could on occasion be used as the subject or object of the verb, when emphasis was sought or if the subject were separated from the verb.

Subject personal pronouns. In the Middle French period the subject pronouns were the following:

je, jou	nous
tu	vous, vos
il	il, ilz
ele, el, elle	eles, el, il(z), elles

Examples of *je, jou* (masculine and feminine):

... ou se *jou* en soustrai, ou se *je* tresporte de lieu en autre . . . . (CHM 11)

Sire, fet, *je* su la fyle Aunflor, reis de Orkanye . . . (FFW 61: 22-23)

Helas! seigneurs, comme *je* suis meschant . . . . (B 339)

... *je* ne dis mie que le prince doye morir de faing . . . . (S 17:336)

Se *je* l'ay tu seras le plus riche du monde . . . . (R 47:1)

Examples of *tu* (masculine and feminine):

... et lors a pres de l'aguille *tu* trouveras l'extremité du bout du fil que *tu* laissas premierement par dehors . . . . (CHM 1153)

THE PRONOUN

> ... tel que autrement *tu* fusses en peril de mort .... (E 40a*)
>
> ... voirs est que, se *tu* espouses la damoiselle, *tu* seras roys et elle royne .... (B 171)
>
> ... Cheval, aussi vray que meschine de prestre est cheval au diable, *tu* vueilles souffrir que je monte sur toy. (Q 90:5-7)
>
> ... *tu* es celluy a qui je doy fere plaisir .... (R 1:10)

Examples of *il* (masculine and neuter singular) and *ele, el, elle* (feminine singular):

> *Yl* leva son bastoun .... (FFW 44:25)
>
> *Il* avint, entour .v. ans a, que Berinus qui cy est se leva ... pour aler en sa besongne. (B 115)
>
> ... *il* aura cestui an plenté de fruis. (Q 41:2-3)
>
> Je di que *il* est aucuns d'iceus, aussi comme ydiotes, simples et ignorans .... (CHM 16)
>
> ... quant *elle* est jointe o autre figure, s'*ele* est en premier lieu a destre, *ele* segnefie son simple nombre. (CHM 34)
>
> ... douaires et libertez qu'*elle* tient de vostre Pere .... (CE 305:8-9)
>
> ... se aucune partie en est perdue, *el* ne puet estre restablie, mes *ele* se puet recuirier, et i pert la fosse. (CHM 502)
>
> ... sy li manda qu'*elle* venist a luy .... (R 45:29-30)
>
> Adonc *elle* rogit ung peu et s'enclina jusques bien bas. (JP 78:12-13)

Examples of *nous* (masculine and feminine):

> ... depus que *nous* sumes acordeez .... (FFW 20:2)
>
> ... pour ce *nous* attribuon le nom de mansuetude a la vertu moienne. (E 80c)
>
> *Nous* te faisons certainement assavoir que *nous* fusmes li premier qui pourparlasmes .... (B 217)
>
> ... car je croy que *nous* avons le meilleur quartier .... (JP 35:1)
>
> ... pour l'onneur du vendredy ouquel *nous* sommes .... (Q 73:25-26)

Examples of *vous, vos* (masculine and feminine, singular and plural):

> *Vous* demorréz ou moy e je vous dorroy plus riches terres qe *vous* unqe n'avyéz en Angleterre. (FFW 57:23-25)
>
> ... je vous prye que *vous* me dites, s'il vous plaist, qui *vous* estes et pour quoy *vous* demenez si grant dueil. (B 282)

... dont *vous* avez esté lavez du pechié originel .... (CE 304: 14-15)

... que *vos* ne soiés nommés mauvès mires .... (CHM 22)

La ve chose est que *vous* doyez garder et actempter de non mettre nulles imposicions .... (S 21:463-64)

... *vous* devez tantost faire du feu .... (Q 48:22-23)

Examples of *il* (masculine plural) and *ilz* (which began to replace *il* about the middle of the fourteenth century):

E nul des autres grant seignours ne savoient ou *yl* devyndrent ne qy *yl* furent .... (FFW 10:23-25)

Mais *il* font teles choses comme il fait en tant comme *ilz* peuent. (E 77a)

... et se soubtilloient comment *il* pourroient partir a son avoir. (B 59)

... ne *ilz* n'avoient nulle fiance en chose qu'il leur eüst dit ne promis. (B 84)

... se *ilz* sont bons ouvriers de leurs mestiers .... (AD 267:19-20)

Et touteffois en dient *il* choses qui assez sont fortes a croire .... (S 89:4-5)

... car *ilz* apportent mauvaises nouvelles. (Q 49:19-20)

... mais *ilz* n'en tindrent compte. (JP 49:23-24)

Examples of *eles, el, il(z), elles* (feminine plural):

La .2.: *eles* font convenience en la maniere de oster les os estrangiés .... (CHM 921)

... mais *elles* sont grandes et notables et honorables. (E 78a)

... *elles* demourerent ou Capitolle comme devant .... (B 435)

... monseigneur, *elles* sont filles communes. (S 12:190)

Le .1. chapistre est de la cure commune des plaies, en tant comme *el* sont plaies: et a .8. parties. (CHM 575)

Quant Fouke fust aryvee, dont demanda les damoyseles sy *yl* aveyent conisance de le pais. (FFW 62:27-29)

... ces dens issent de la morsure, et s'*il* ne pouoient istre, soient traites hors de la morsure .... (CHM 1829)

Et les ont teles que *ilz* sont tres fortes .... (E 57c)

Quant les dames virent ces beaulx chariotz, *elles* furent toutes ravies, et les seigneurs aussi. (JP 55:1-3)

Eles (elles) was most common; *el* was rare; but *il* for *eles* was frequent in the fourteenth century. In the *Cyrurgie, il* (f. pl.)

occurred 100 times. *Il* or *yl* was the only pronoun used in *Fouke Fitz Warin* on the few occasions that required a feminine plural subject. In the fifteenth century *elles* was firmly established.

Often the weak forms of the subject personal pronouns were employed where today one would use strong or disjunctive forms for emphasis or as part of a compound subject.

>... quar *je meismes* irroy parler au roy. (FFW 51:21-22)
>
> Avynt qe *je e ces damoiseles* e quatre chevalers e autres entrames un batil en la mer .... (FFW 61:25-27)
>
> *Je* Henri de Mondeville, cyrurgien du tres noble sire devant dit ... pourpose a ordener briement .... (CHM 3)
>
> ... afin que *il et ses conseilliers* et autres les puissent mieulx entendre .... (E 1d)
>
> ... et *il mesmes* pourchaça les chevaliers qui l'endemain durent aler avecques lui .... (B 123)
>
> ... dont *je*, vostre pauvre mere, espouse et fille du doulz Sauveur Jhesu Crist .... (CE 304:1-2)
>
> ... *je* Anthoine de la Sale ... pour eschiever oysiveté ... me suis delicté a traire de mains livres .... (S 3:3-6)
>
> ... car autrement, *ilz*, à ung très grant besoing, ne se pourroient secourir. (Q 150:4-5)

On the other hand, we find now and then a strong form unnecessarily replacing the weak form, usually in the third person plural.

>... car quant *eulz* sont blecies, sanc nient convenable a la curation des ulcerations est engendré en iceus meismes. (CHM 1506)
>
> ... et ainsi par ordre selonc ce que *eulz* sont plus prochains au nerf .... (CHM 855)
>
> ... que tous ceuls qui ont estudié as arts et as sciences eüssent ignoré telle chose et que *euls* n'eüssent enquis se elle leur peüst aidier et valoir. (E 8b)

Object personal pronouns (weak forms). We shall call weak forms those object pronouns that are the direct or indirect objects of the verb. In the fourteenth and fifteenth centuries their position was normally immediately in front of the verb, except in the affirmative imperative where they usually followed the verb. *Me, te,* and *se* following the verb were generally replaced by the disjunctive or strong forms.

The current direct object pronouns (weak forms) in the Middle French period were as follows:

me   nous, nos
te   vous, vos
le (m.)   les (m. and f.)
la (f.)
se   se

The indirect objects, *me, te, nous (nos), vous (vos), se* were identical in form with the direct objects. They were both masculine and feminine. In the third person, however, the forms were different.

li, lui (masculine and feminine singular)
leur (masculine and feminine plural)

Examples of *me, te* (direct and indirect objects):

...et pour ce je *me* tès de leur declaration quant a present. (CHM 561)

...nul qe *me* velt venger de le damage e hontage qe Fouke *m*'ad fet.... (FFW 47:23-24)

...se je *me* porte mal, Polidamas le *me* reprochera et *m*'en reprendra. (E 56d)

La plus belle du monde *me* doit avoir. (R 46:29)

...pour quoy je *te* commant que tu *t*'en voises de cy. (B 267)

La laveure au propos puet estre faite ... du queil alun que il *te* plera.... (CHM 1560)

...la cause pour quoy je *t*'ay appellé est vraye.... (S 220:414)

...s'il *te* voit ce faire, jamais plus il *te* suivera. (Q 154:16-17)

Examples of *le, la* (direct objects); *se* (direct and indirect objects):

...comme Dieu ne secourt pas ceux qui *l*'ont en desdaing. (CHM 16)

...et ce seroit trop longue chose de *l*'avoir escript en ce livret. (AD 288:10-11)

...et que faisoient encore ou nom de lui ses disciples et plusieurs qui *le* suivoient.... (S 65C:8-9)

Fouke prist la damoisele; si *la* bailla a sire Audulf a garder.... (FFW 66:7-8)

Et dit Calcas que ce fut la premiere nef qui onques portast tref; et *la* fist Argus. (R 41:29-30)

...et ont desliberé *la* faire morir.... (JP 5:19-20)

Et pour ce, le prince ne *se* donne ou actribue plus que a un autre .... (E 103a)

... car elle *se* disoit gentil femme .... (Q 73:12-13)
... dont il *se* sentoit moult coulpables .... (S 108C:6-7)
... et la *se* herbigerent en un certeyn lyw ou yl soleynt avant estre ... (FFW 68:1-2)
... et *s'*entredonnerent si grans coups des lances que ilz percierent leurs escuz. (B 519)

Examples of *nous, vous* (direct and indirect objects):

... de quoi nous *nous* douton .... (CHM 937)
... gaitier de telle tricherie comme cil traïtres *nous* a faicte? (B 102)
... si ocistrent tous nos gentz e *nous* amenerent sa e si ount desolé nos corps .... (FFW 61:29-30)
... je *vous* prie, dictes *nous* icy en passant temps par quelle occasion vous venez en ce pays d'Espaigne. (JP 42:15-17)
... et gardés que convoitise de gaaing ne *vous* maint a ce .... (CHM 22)
Et je *vous* dy pour certain que les dames de Paris entretiennent ainsi leurs maris. (Q 24:23-25)
Encore *vous* en demanderay une aultre chose .... (JP 82:29)

Examples of *les* (direct object, masculine and feminine):

... e il a grant honour *les* reçust e dona a Fouke riche douns. (FFW 63:1-2)
... et n'est pas gardëeur de richesces, mais *les* met hors et *les* expose et ne *les* honneure pas .... (E 68a)
Et quant il *les* eut ung peu passees, Huguenin de Tolligney ... se arresta .... (S 12:185-87)
... et sanz faulte il *les* amera oultre mesure. (Q 75:12-13)

Examples of *li, lui, leur* (indirect objects, masculine and feminine):

The singular form *li*, only, occurred in our two earlier texts; both *li* and *lui* are found in the *Livre de Ethiques, Bérinus*, and the *Recueil*; but *lui* alone was used in the later fifteenth-century texts.

... l'en *li* doit dire que c'est a son bon pourfit. (CHM 672)
... mes, quant il avoit oy la dame parler qe grant bounté *ly* avoit fait, por nulle chose du monde ne se poeit plus deporter. (FFW 42:26-28)
Et qui, aveques les autres graces que il *lui* a donnees, il *li* a inspiree si noble volenté .... (E 1b)

> Adonc *li* fu ses mautalent doublez, car il *lui* fu adviz que celle ille ne conquerroit mie si legierement comme il avoit esperé. (B 140)
>
> ... nul, tant fust saiges le maistre ne le disciple, ne *lui* sçavroit aprandre .... (AD 272:17-18)
>
> ... les dieux fussent enclins a *li* rendre s'amie .... (R 40:1)
>
> ... supplioit en chantant et joiant d'istrumens que elle *lui* rendist Erudice s'amie .... (R 66:28-29)
>
> Quant à une femme *lui* escopist la gorge, ce lui sont bonnes nouvelles que brief yra aux nopces .... (Q 79:14-16)
>
> Si envoya deux heraulx acompaignez de cinq cens chevaucheurs, au roy d'Espaigne, *luy* demander logis .... (JP 44:26-28)
>
> Or viennent aucune fois les paciens aux mires et *leur* requierent qu'il *leur* prametent certaine cure dedenz certain temps .... (CHM 24)
>
> Item, que toutes choses *leur* sont communes. (E 189b)
>
> ... musique, par la douçour de sa science et la melodie de sa voix, *leur* chante par ses .vi. notes tierçoyées .... (AD 269:12-14)
>
> ... et tout ce n'est que par faulte que on ne *leur* dit verité. (S 8:38-39)
>
> ... en la forme que les embassadeurs *leur* avoient denuncié .... (JP 11:2-3)

One will note that *li* or *lui* could be used instead of *y* ("to it") to denote things as well as persons.

> ... la .2. car il sont plus loing du cerveil, et pour ce il ne *li* font nul nuisement par leur mouvement. (CHM 250)
>
> Pour ce que le moien n'a point de nom, l'en *li* donne le nom des extremes, c'est assavoir, des vices .... (E 34c*)
>
> ... est orendroit appellez de toute gent qui vont par mer, gouffre de Sathanie, et *lui* mist l'en ce nom pour la raison de ce que gouffres en grieu vault autant a dire en françois que "vengence" .... (B 151)

Because of the fact that object personal pronouns in this period were not usually repeated before two or more verbs, occasionally *li* could stand for both direct and indirect object.

> Qey me dorréz vous? fct il, e je vous amerroi la ou je *ly* vy huy e parlai. (FFW 38:3-4)

Disjunctive pronouns (strong forms). The strong forms of the personal pronouns were commonly used when the pronoun was the object of a preposition, when it was part of a compound subject or object of the verb, when the subject was separated from the verb, or when emphasis was desired. The strong forms replaced the weak forms *me, te, se* when they followed the verb in the affirmative imperative.

The disjunctive pronouns in the Middle French period were the following:

>| | |
>|---|---|
>| moi | nous |
>| toi | vous |
>| lui, li (rare) | eulz |
>| li, liè, elle | elles |
>| soi | soi |

Object of a preposition:

>... si com el pot mieux estre estraite de lui [Avicene] *par moy* et par aucuns melliours .... (CHM 4)
>
>Dyomedes s'en est fuy *devant moy*. (E 56d)
>
>... elle se tourna *vers moy* .... (Q 11:18)
>
>... mais je vous prie que viengnez *avecques moy* .... (JP 33:5-6)
>
>... s'il peuent estre quittez *envers toy* .... (B 84)
>
>... tu vueilles souffrir que je monte *sur toy*. (Q 90:6-7)
>
>... se il ne revenoit, ou il ou ses filz qu'il menoit *avecques lui* .... (B 212)
>
>... il encontrent la pie mere, et de la substance *de li* il reçoivent une tunique .... (CHM 216)
>
>... car tele ulcere est miex curee et plus tost et plus legierement que n'est cele qui a les conditions dessus dites contraires *a liè*. (CHM 1613)
>
>... et elle plaine de joye, en disant *a li* meismes .... (R 48:2)
>
>Le roi, mon frere, maunda *a ly* messagers qu'il la prendroit a femme, e ele refusa. (FFW 76:13-15)
>
>... n'a mestier de autre delectacion qui *a elle* soit adjointe .... (E 13b)
>
>... mais les damoiselles qui estoient *entour elle* la reconforterent et asseürerent .... (B 9)
>
>... et que son amy s'en alloit *sans elle*. (JP 92:12-13)
>
>... c'est chose necessaire de connoistre la maladie *en soi* et la cause et l'accident d'icele .... (CHM 1191)
>
>... c'est a savoir tant seulement que le patient soit confès et que il ait ordené *de soi*. (CHM 604)
>
>... l'enfant en apportera *sur soy* aucune enseigne. (Q 24:11)

... en .xii. ans soubmist *a soy* par la couvoiteuse volunté les monarchies et seignouries .... (CE 296:1-2)

... e nous receverons ore issi la destiné qe *a nos* est ordinee. (FFW 73:2-3)

Et ce que est egual puet estre egu*~¹* selon la nature de la chose ou egual quant *a nous* et en resgart *de nous.* (E 31b)

Encores voullons et ordonnons que le demandeur ou appellant doye dire ... son propos *devant nous* .... (S 210:71-72)

... vostre Pere, qui tant souffrit *pour vous* que il vous daingna rachater de son precieus sang .... (CE 298:3-5)

... qui les envoye *par devers vous.* (JP 45:24-25)

Sy lo que nous alons *au devant eulx* et leur deffendons le port. (B 140)

Et *après eulz* de la maison de Suasve. (S 4:50-51)

L'umour cristalline est ou milieu de l'umour verrine et de l'umour albugine, et est avironnee *d'elles.* (CHM 229)

... desqueles l'esperit muert *avecques elles.* (CE 297:5)

... lesquelles luy firent grans reverences, et luy *a elles* semblablement. (S 12:184-85)

Emphasis:

Comme s'il se voloit *soy mesmes* desesperer .... (Q 16:23, 17:1)

Dy moy, fet Payn, *vous,* lede creature, quy vous estes e quey fetes en ceste ville. (FFW 5:7-8)

Ceste couronne de ce mont est un rochier de *lui mesmes,* entaillé tout autour .... (S 76:8-9)

Il appert aucunement par les choses dessus dites se les gens peuent faire injuste a *eulz meïsme.* (E 113c)

... pour arrouser et vivifier *vous,* ses enfans .... (CE 306:5)

Et *moi,* comme secretaire, n'osay respondre qu'elle l'avoit beu. (Q 93:13-15)

... ce que il doit avoir et que *luy meïsme* receüst ce que l'en li oste .... (E 114a)

Subject separated from verb:

... et *moy* par Concile General ou autrement deuement, et par vostre bon ayde, puisse estre une seule mere .... (CE 307:9-11)

Moy, aucunement honteux de la loenge qu'elles me donnoient me cuiday excuser .... (Q 8:3-5)

... et *eulz,* comme loyaux et preudommes, le feront voullentiers .... (S 16:293-94)

... et il me respondit que *moy* qui estois roy devois faire porter a mes gens maisons . . . . (JP 47:18-19)

Compound subject of the verb[1]:

... *lui et les autres* entendirent d'aucun alun . . . . (CHM 1683)

E avynt que *ly e moy* un jour fumes assemblés par grant amour e ele me tint entre ces bras molt estroit. (FFW 75:24-26)

Et touteffois, attendu que *eux et nous* sommes fais tous d'un ouvrier . . . . (Q 9:19-20, 10:1)

Maistre, encore ne m'eschappez vous pas, ains avrons lutié *moy et vous*. (B 271)

Iceulx et moy oysmes leans une haulte voix . . . . (S 79C:10-11)

Compound object of the verb:

... pour ce qu'il garge miex *le cervel et soi* des nuisemens qui vienent de hors . . . . (CHM 156)

Et donques le vertueus aime *soy et son bien* raportant a Dieu . . . . (E 192b*)

Sire Gieffroy, dist Berinus, je met *moy et mon avoir* en Dieu et en vous . . . . (B 102)

... et met peine a sauver *toy et les autres*. (B 228)

... mais Nostre Seigneur Jesucrist doint grace *a monseigneur mon mary et a moy* de faire le possible . . . . (JP 11:21-23)

Affirmative imperative (when the pronoun follows the verb):

Tes *tey*, fet Fouke . . . . (FFW 64:25)

Attendez *moy* a la fontaine au franc morier . . . . (R 47:32-33)

... garde *soi* le pacient que autretel et semblable matiere n'i soit engendree; et ce dit Avicene iluec meismes. (CHM 2031)

'Repose *toy*,' dist il . . . . (E 143a)

Sire, plaise *vous* sçavoir que j'ay esté a Seguonye . . . . (JP 7:17-18)

... combas *toy* a cestui . . . . (S 62:1241)

Ellipsis:

... e yl a grant joie la prist e la dammoysele *ly*. (FFW 11:12-13)

... et puis Orchas baisa couvertement Romaine s'amie et elle *lui*, et lui dist Orchas qu'elle se tint pour toute asseüree . . . . (B 490)

---

[1] The weak form could also be used in this construction. See p. 47.

> ... pour soubtillier art et engin comment je puisse parler a lui et il a *moy* .... (B 472)
>
> ... il l'ama de tout son cuer, et elle *luy* de si trés excellente amour .... (R 47:10-11)
>
> ... lesquelles luy firent grans reverences, et luy a *elles* semblablement. (S 12:184-85)

The strong forms of the personal pronoun (third person) are occasionally found where ordinarily one would expect the weak forms, the subject pronouns, or the pronominal adverbs *y* and *en*.

> ... et se les humeurs ne sont mellees o le sanc, ou *eulz* sont trop chaus, ou *eulz* sont trop frois .... (CHM 764)
>
> Le roi, mon frere, maunda *a ly* messagers qu'il la prendroit a femme, e ele refusa. (FFW 76:13-15)
>
> Toutes les autres veines, exceptee la veine arterial, et tous les reins qui *d'eles* issent .... (CHM 398)
>
> Rhetorique est science de parler droictement, e a quatre parties en soy *a lui* ramenées .... (AD 267:3-5)
>
> ... et les faictes bien loger jusques nous aurons souppé et puis nous parlerons *a eulx*. (JP 45:27-29)

The above examples are fairly rare in our texts, but we must mention one use of the strong form for the weak which was current. The writer, especially in the early years of the period, was somewhat confused and in a perpetual state of indecision regarding one particular construction. That is, what should he do with a personal pronoun which immediately followed a preposition but in reality was the object of a following infinitive or present participle? The Old French author illogically treated this pronoun as the object of the preposition, and this practice was still current and of frequent usage throughout the Middle French period.

> ... e or est molt freyd par nature, e, *pur sey refroidir* yl se couche en or .... (FFW 65:29-30)
>
> Je propose par tous les procès de ceste somme *a moi delivrer* briemeut [*sic*] .... (CHM 20)
>
> ... et pour les plaies que ilz ont ou pour la paour *de les avoir*; car se ilz estoient ou bois ou en une palu, ilz ne s'en mouvroient pas *pour eulz aler combatre*. (E 58b)
>
> ... et cil se penoit mout *d'elle rapaisier* .... (B 32)
>
> ... je me conseilleray a ma gent *de lui aler veoir* .... (B 122)
>
> ... que as tu ores a faire de marchander ne *de toy entremettre* de chose dont tu ne scés? (B 45)

> ... *en eulx suppliant* que se aucune chose y a faicte moins suffisanment .... (AD 292:3-4)
>
> ... quant ilz me ont espaint ma chaiere *pour moy faire tumber?* (S 56:1079)
>
> ... cellui qui regarde sa femme couvrir le feu devant lui *sans soy lever* .... (Q 42:16-18)
>
> ... et, *en soy seant,* la chaiere tumba a l'envers. (S 56:1074-75)
>
> ... je les remerciay, *en moy excusant* par une auctorité joyeuse .... (Q 96:9-10)

But as early as 1314 the author evidently realized a grammatical error in the above-mentioned practice and hence tried to avoid it by placing the pronoun *after* the infinitive or participle, in which case he continued to use the strong forms (with the exception of the third persons, *le, la, les*). This practice was often carried over to constructions in which no preposition was involved.

> Si voit privément a sire Fouke e li pria, pur le amour de Dieu, *rendre sei* al roy .... (FFW 72:22-23)
>
> ... en la fin du .4. chapistre, *donner aulz* ou assa fetida ovec vin ou triacle .... (CHM 1813)
>
> ... car *en prenant la*, nous ne en jujons pas ne n'i considerons pas. (E 38b)
>
> ... e puis se dessevre de ses extremités, en descendant et *en soy aerdant* et *continuant soi* sus toutes les extremités .... (CHM 337)
>
> Le roi comanda cent chevalers aler prendre cele nef e *amener a ly* le chevaler. (FFW 75:8-10)
>
> ... et *en cousant les,* se mestier est, ou ne mie en cousant .... (CHM 887)
>
> Et donques *esjoïr soy* et deliter en teles choses et mesmement *amer les,* c'est un vice bestial et vituperable. (E 62b)
>
> Or y parra qui osera *a moy luitier* ... —Vassal, se vous avez cuer, si venez *luitier a moy.* (B 373)
>
> ... *efforçans soy* de trouver un autre monde .... (CE 296:6)

Occasionally, as late as mid-fifteenth century, one finds the strong forms preceding the infinitive and present patricple, even when there was no preposition to influence them.

> ... car *soy deliter* est propre as choses qui ont ame. (E 13a)
>
> ... viens *moy aidier* un petit .... (B 316)
>
> ... a chascune des deux parties, *moy voulans occupper,* prandre et ravir en maniere de proye .... (CE 307:18-20)

Et pour ce acomplir suis venus et *moy presenter* pour devant vous faire mon loyal devoir .... (S 215:239-40)

Alors ledit seigneur, *soy voyant* requis .... (S 166:94)

Finally, the Modern French construction was not unknown, especially in the case of the third person, in the earliest years of the fourteenth century. But it was only from the middle of the fifteenth century on that the weak forms were preferred in this type of construction to the strong ones. In locutions in which no preposition was used, the weak forms were regularly employed. After a preposition, out of 28 instances in the *Salade*, the weak form was used 16 times and the strong form 12. In *Jehan de Paris*, at the end of the fifteenth century, the ratio of weak to strong was five to one.

... en prametant *a les desclairier* en cest present proheme .... (CHM 543)

... *en les liant* et aplicant sus artificielment. (CHM 690)

... chascuns avoit honte *de l'oyr*. (B 23)

... il met grant diligence *a les pourchacier* .... (E 187a)

... il ne fust si dur cuer qui n'en eüst grant pitié *en la regardant*. (B 550)

... par laquelle a madicte dame la royne convint *se partir* de Napples et *soy retraire* en Prouvence .... (S 184:678-79)

... et *en le honnorant* .... (S 28:177)

... *pour les publier* et communicquer .... (Q 28:19-20)

... il ne lui seroit possible *de me laissier* .... (Q 74:7-8)

... *de les aller chercher* au pays .... (JP 7:30)

There was still another way of expressing this construction, employing, however, the weak form. When the infinitive was dependent upon such verbs as *commencer a* or *prendre a*, the pronoun object was placed before those verbs, as in the case of modal auxiliaries and other verbs requiring no preposition before the infinitive. This had been a regular practice in Old French and continued sporadically well into the Middle French period.

Le .2. est cil qui apert ou membre en tel maniere que le membre *se commence* fieblement *a mouvoir*. (CHM 1299)

... dont *le print* Agea *a reconforter* de tel pouoir comme elle avoit .... (B 18)

... car si tost comme on *les commence a acquerir*, on delaisse a estre seur. (CE 297:17-18)

The pronominal adverbs. *I* (*y*) and *en* are adverbs that are often used pronominally. They represent the combination of *a* or *en* plus the personal pronoun (third person), and *de* plus the personal pronoun (third person), respectively.

In Old French *i* (*y*) could include both persons and things, contrary to modern usage which has dropped the personal meaning. Our earliest fourteenth-century texts avoided the personal use. *I* or *y*, meaning "to it," "in it," etc., occurred frequently throughout the century, but was not required, for the sense is often made clear by the use of the indirect object pronoun. The author of *Fouke Fitz Warin* used *y* only in the adverbial sense of "there," and that very rarely. In the fifteenth century the function of *y* was the same as it is today.

> Un vauntparlour orgulous e fer sayly avant e demanda quey yl avoit a fere d'enquere quele gent *y* fussent. (FFW 36:8-10)
>
> ... qu'el reçoive les superfluités qui *li* sont envoiés du cervel. (CHM 241)
>
> ... tous les membres qui *i* sont contenus. (CHM 29)
>
> Le .6. bouel est continué *a lui*, et est dit longaon .... (CHM 374)
>
> La maniere de traicter ceste science et de *y* proceder doit souffire .... (E 3d)
>
> Et pour ce est cilz bien folz qui en rienz s'asseüre en ce monde ne qui *y* a fiance .... (B 16)
>
> Rethorique est science de parler droictement, e a quatre parties en soy *a lui* ramenées, toutes appliquées a son nom .... (AD 267: 3-5)
>
> ... qui a la requeste des faulx Juifs qui le crucifierent, *y* furent mis et encores sont par Pillate .... (CE 307:3-5)
>
> Et si *y* trouve l'en moult grande et coppieuse multitude de bestial .... (S 1331:33-34)
>
> ... car le règle en est toute commune, et jamais n'*y* a faulte. (Q 20:13-14)
>
> ... mais je *y* voy deux grans ostacles et empeschemens .... (JP 24:2)

Like *y*, *en* could refer in Old French to both persons and things; in the Middle French period the personal use was less frequent but not so rare as today. *En* occurred in *Fouke Fitz Warin* only adverbially, as part of certain verb constructions such as *s'en issir*, *s'en aler*, etc., except in extremely rare instances. *En* was common in the *Cyrurgie* and later texts, although *de* plus the disjunctive pronoun is often found in the fourteenth century.

> ... de si lonc temps que il n'*en* est memoire .... (CHM 16)
>
> ... car s'il n'*en* i avoit que un .... (CHM 184)
>
> ... yl les vendra quere meymes e fra tiele justice qe tote Engletere *em* parlera. (FFW 28:5-6)
>
> L'utilité pour quoi il est ainsi joint au stomach est pour ce qu'il conforte la digestion *de lui*. (CHM 386)
>
> Chascun si juge bien les choses que il cognoist et *en* est bon juge. (E 4b)
>
> ... car l'en peut avoir en soy science et non user *de elle*. (E 136b)
>
> ... en esperance que Aigres deüst revenir et que elle *en* oyst nouvelles .... (B 545)
>
> ... mais que Venus donnast vie a son ymage, affin qu'il *en* peust jouir .... (R 40:23-24)
>
> Et touteffois *en* dient il choses qui assez sont fortes a croire .... (S 89C:4-5)
>
> De ces deux bestes j'*en* suis l'une. (Q 96:14-15)
>
> ... dont le roy grant compassion *en* avoit .... (JP 4:23-24)

Position of the personal pronouns. Since we have discussed the position of disjunctive pronouns while treating their use (see pp. 50-56), we will concern ourselves principally with the position of the subject and object personal pronouns in the sentence or phrase.

Subject personal pronouns. The normal position of the subject pronoun, when it was used,[2] was before the verb.

> ... et lors a pres de l'aguille *tu trouveras* l'extremité du bout du fil que *tu laissas* premierement par dehors .... (CHM 1153)
>
> Et *nous appelon* pecunes toutes choses quelconques desquelles le digne pris et la valeur est mesuree et estimee par monnoie. (E 66a)
>
> Et premierement pour avoir l'introduction de ce que dit est, *je commenceray* a la declaracion des voieulz .... (AD 273:1-2)
>
> ... *vous devez* tantost faire du feu .... (Q 48:20-21)
>
> ... monseigneur, *elles sont* filles communes. (S 12:190)
>
> ... mais *ilz* n'en *tindrent* compte. (JP 49:23-24)

The subject pronoun followed the verb in an interrogation, as

---

[2] For omission of the subject pronoun, see pp. 89-90.

it does today, but there was no euphonic *t* in the third person singular.

> *Ditez vous* le voyr? (FFW 36:26)
>
> Comment l'*a il* batu? (E 42b*)
>
> M'en *convendra il* ainsi aler tout nu? (B 36)
>
> ... comment *estes vous* si degenerens et divisez ensamble ... ? (AD 294:4-5)
>
> ... n'*as tu* plus d'esperance en vraye amour? (R 47:31)
>
> ... *va il* en quelque guerre qu'il maine tant de gensdarmes? (JP 61:13-14)
>
> ... quel hoir vous *semble-il* que je porte? (Q 62:2-3)

A preceding adverb often caused inversion of subject pronoun and verb.

> Le roy fist grant damage mout sovent a sire Fouke, e sire Fouke, *tot fust il* fort e hardy .... (FFW 43:22-23)
>
> Or *s'en siut il* bien par necessité des choses devant dites .... (CHM 555)
>
> Item, *encor ne seroit elle* pas necessaire a ceulz qui ne avroient pas vertu .... (E 128c)
>
> ... et *si fait il* bien aux astronomiens pour les jugemens de leur science. (AD 268:21-22)
>
> ... *toutesfoiz firent ilz* la meilleur chiere qui leur fut possible .... (JP 42:6-7)

The subject always followed the verb in such expressions as *dit il, fet il,* etc.

> Oyl, sire, *fount il.* (FFW 36:27)
>
> La *dit il*: "Cil qui doivent morir ...." (CHM 22)
>
> "Or escoutez, sire," *dist il* a l'empereur .... (B 531)
>
> "Ma damoiselle," *dit il* .... (JP 61:3)
>
> Sire, *fet yl*, creéz mon consayl, si frez bien. (FFW 20:12-13)
>
> "Nous sommes," *dirent ilz*, "a Jehan de Paris, que nous envoye icy ...." (JP 45:17-18)

Object personal pronouns. The object personal pronoun was normally placed immediately before the verb of which it was the object, when that verb was not an infinitive.

> Payn ly demaunda quele creature yl fust e il *ly* dist qe jadys fust aungle .... (FFW 5:16-18)

> Delectacion *nous* est si doulce et si amiable . . . . (E 38c*)
>
> . . . Berinus *le* mercia durement et *ly* dist . . . . (B 119)
>
> . . . et sanz faulte il *les* amera oultre mesure. (Q 75:12-13)
>
> . . . en le forme que les embassadeurs *leur* avoient denuncié . . . . (JP 11:2-3)

Exceptions, such as the following, were extremely rare.

> Veci un homme qui croit que je hee *le* [a] mort, et vraiement je ne le hé pas . . . . (CHM 2132)

The pronoun as object of an infinitive or present particple. If the infinitive or participle depended upon a *preposition*, the object pronoun might be placed immediately before or after the infinitive. (See Disjunctive Pronouns, pp. 54-55, for examples.)

If the infinitive depended upon a *verb*, either a modal auxiliary or any verb not requiring a preposition before the following infinitive, the pronoun object of the infinitive was written before the verb, not the infinitive.

> . . . yl *la* voleyt a sa volenté aver . . . . (FFW 49:10-11)
>
> Il ne *se* doit pas louer, ne autres blasmer, ne heer nul cyrurgien. (CHM 554)
>
> . . . l'en ne *se* doit pas pour ce departir de la regle desus dite ne la delaissier. (E 181b)
>
> . . . vostre Pere, qui tant souffrit pour vous que il *vous* daingna rachater de son precieus sang . . . . (CE 298:3-5)
>
> Or croiez voz amis, ou autrement je *me* vieux sauver, et adieu vous di . . . . (S 107C:11-12)
>
> . . . il *le* convient porter au père . . . . (Q 80:16)
>
> . . . et pour me bien consoler il *me* va dire . . . . (JP 48:3)

Occasionally one finds exceptions, foreshadowing modern usage.[3]

> . . . et prie piteusement, comme mere, que vous vueillez *vous* admender et crier mercy a vostre Pere . . . . (CE 310:3-5)
>
> . . . il convient *l*'asseoir sur la poitrine de la mère . . . . (Q 81:1-2)
>
> . . . j'ay souvent oy dire qu'il fault *se* garder . . . . (Q 79:9-10)

In constructions like those above, if the subject and verb were inverted, thereby causing the weak form of the pronoun to begin the sentence, the infinitive was placed at the beginning and the pronoun remained before the modal auxiliary or other verb.

---

[3] Out of 33 examples in the *Quenouilles*, the object pronoun preceded the modal verb in 22 cases and preceded the infinitive in 11 cases.

Esjoïr *se* doivent et pueent certainement les devant dis letrés deciples de cyrurgie . . . . (CHM 18)

If the infinitive depended upon a *preposition* which in turn depended upon a *verb*, the object pronoun might be treated in the same manner as the infinitive dependent upon a preposition (see p. 54); or the pronoun might come before the verb; or rarely the pronoun could be found in the modern position before the infinitive.

> . . . et est a ce que le patient soit gardé de la maladie qui *li est a venir* selonc sa disposicion. (CHM 569)
>
> Lors se assemblerent tous entour le corps, si *le commencierent* tous *a regreter* et a plaindre et firent un merveilleux duel. (B 505)
>
> . . . et vindrent jusques auprès du roy d'Angleterre que *commença a les regarder* en tel estat qu'ilz n'avoient garde de la pluye . . . . (JP 38:28-30)

The object pronoun with the imperative. In the negative imperative, the object pronoun, as in Modern French, remained before the verb.

> *Ne vous peise*, si je corne pur ly, e bientost mangeroms. (FFW 60:14-15)
>
> '*Ne me donne*,' dit il, 'ne richesces ne povreté . . . .' (E 211a*)
>
> . . . or *ne t'esmaye*, car je m'en iray avecques toi . . . . (B 90)
>
> . . . *ne vous desplaise* . . . . (JP 73:5)
>
> Certes, dist Berte, de marier *ne me parlez*, s'il n'estoit bien à mon hait . . . . (Q 139:3-5)

In the affirmative imperative, the object pronoun was placed after the verb unless preceded by an adverb, or even *et*.

> *Contiengne soi* en tel maniere entre les sages que il n'oublie rien . . . . (CHM 551)
>
> . . . *dites moy* sans doubter tout vostre estat . . . . (B 62)
>
> Helas! my enfant, *souviengne vous* du grant roy Alixandre . . . . (CE 295:18-19)
>
> *Garde toy*, loup, que la mère Dieu ne te fière . . . . (Q 47:14-15)
>
> Et si vous avez a faire de quelque chose, *demandez le*, et je vous le feray delivrer. (JP 49:19-20)
>
> . . . *si le lessiés* ainsi estre jusques a l'endemain, et *puis l'ostés* soutilment o grant diligence . . . . (CHM 948)

> ...non feras, *ains t'en va* avecques ton seigneur et *si lui aide* a plaider. (B 90)
>
> *Or lui requerez mercy et lui priez* que ad ce jour vous vueille aydier, se bon droit avez. (S 218:328-29)
>
> ...*et luy dictes* que moy et les dames luy prions que son plaisir soit venir en nostre palais.... (JP 67:22-24)

Two object personal pronouns. Contrary to modern practice, but like Old French, the direct object preceded the indirect object in Middle French, irrespective of persons.

> E je *le vous* grant. (FFW 77:28-29)
>
> ...se je me porte mal, Polidamas *le me* reprochera et m'en reprendra. (E 56d)
>
> Je pers les mains de froit se en vostre sain et près de vostre char ne *les me* mettez. (S 167:97-98)
>
> ...et se autre *le nous* vouloit faire, si nous en devriez vous garder.... (B 497)
>
> ...n'entendez pas que monseigneur mon mary et moy soyons si presumptueux que *le vous* ayons dit.... (JP 15:5-7)

It will be noticed that the above examples are concerned with two object pronouns in different persons. When both the object pronouns were in the third person, the direct object was occasionally omitted as in Old French, although both were normally written.

> ...e yl cria mercy e pria qu'il ly vodreynt soffrir sifler une note avaunt qu'il morust, e yl *ly* granterent. (FFW 21:17-19)
> ["... and they granted it to him."]
> ...tout aussi comme Dieu ne deneieroit pas pardon a cil qui li requerroit humblement. (CHM 17)
> ["... just as God would not deny pardon to the one who would request it of him humbly."]
> ...car il me dist que sa mere *lui* avoit donné.... (B 476)
> ["... for he told me that his mother had given it to him...."]
> ...si requeroit jour jusques au lendemain; le seneschal *lui* ottroya, et tantost Berinus s'en parti. (B 59)
> ["... the seneschal granted it to him...."]

The problem of the disposition of two object pronouns in the third person was not settled until late in the fourteenth century. In Old French the direct object was omitted. In the early fourteenth century (and occasionally later) this practice was continued. Up until mid-century and a little later the issue could be avoided by making the indirect object disjunctive. By the third quarter of the fourteenth century one usually finds the modern practice, direct preceding indirect object.[4]

> ... e *le* apela *a ly* e dit .... (FFW 58:1)
>
> ... toutes les prouesces que Aigres avoit faictes et parfournies, il *les* traioit *a lui* .... (B 331)
>
> ... il cuiderent prendre port, cil du païs *le leur* deffendirent viguereusement. (B 140)
>
> ... et sur sa char nue *les luy* mist. (S 167:99-100)
>
> ... il doit ... les mener devant le thaur et *les lui* laissier flairier sans touchier .... (Q 76:16-19)

In the case of *y* or *en* with an object personal pronoun, the pronoun preceded the pronominal adverb.

> ... car la mouche a miel lesse son aguillon en la pointure et les autres ne *les i* lessent pas. (CHM 1721)
>
> Certes *m'en* poise durement .... (FFW 74:7)
>
> ... et si le me salüez, et je *vous en* prie. (B 483)
>
> ... mais a present on *les y* fait .... (AD 281:6)
>
> ... car tout bien *vous en* adviendra .... (JP 15:30-31)

If *y* and *en* were together, *y* always followed *en*, as in Old French.

> L'utilité pour quoi pluisers pannicles sont ou cervel, si est car s'il n'*en i* avoit que un, ou il seroit dur ou mol ou moien .... (CHM 184)
>
> ... des choses justes aucunes *en y* a qui semblent estre justes .... (E 4a)
>
> ... sa grant mère disoit que autant de gannes dyables sont assiz dessus chascun pied, s'ainsi demoure, comme il *en y* a. (Q 35:16-18)
>
> ... mais encores *en y* a il beaucop plus par dedans, que jamais n'en sauldront. (JP 91:5-6)

As it is today, when *se* or a first or second person was the direct object, the indirect object became disjunctive.

> Item, ce meismes est prouvé, car moult de nouveaus cas *s'*offrent *a nous* chascun jour .... (CHM 547)
>
> ... car je *m'en* vengeroie *a vous* .... (B 528)
>
> ... vous *vous* rendrez *a moi* ainçoiz que je vous face pis. (B 519)

---

[4] This construction was not a fourteenth-century innovation. Cf. v. 1451 of the *Roman de la rose*: "Si ne *la li* vost otreier."

Generally, if a pronoun served as object of two or more verbs, it was not necessary to repeat the pronoun before each verb.

    ... s'il ne *les* esmuevent ou blecent .... (CHM 1826)

    Le roy *l*'ama moult e chery pur sa lealté .... (FFW 31:13-14)

    ... nul n'est bon que ne *s*'esjoïst et delite en bonnes operacions. (E 13b)

    ... pour *la* soustenir et mener jusques au terme qui lui est donné de Dieu .... (CE 297:13-15)

    Et tu as malvaise cause et nulle raison de *t*'en combattre et deffendre contre moy .... (S 220:416-17)

Possessive Pronouns and Adjectives

Since the function of the possessive pronoun was to replace the possessive adjective and the noun it modified, we shall consider first the possessive adjectives.

The possessive adjective. The forms of the possessive adjective, with an occasional variant spelling, were as follows:[5]

MASCULINE	FEMININE	PLURAL (m. and f.)
mon	ma	mes
ton	ta	tes
son	sa	ses
nostre	nostre	nos
vostre	vostre	vos
leur	leur	leur, leurs

One can see that these are the forms we have today. The dialect forms *no* and *vo* occurred in *Bérinus* and once in the *Quenouilles*. The position of the possessive adjective was normally directly before the noun it modified unless an adjective intervened.

    ... de tous *mes* mestres que j'ai euz en chascun lieu et especiaument de *mon* mestre .... (CHM 14)

    ... auquel pour *mon* petit engin ne autrement .... (AD 292:10)

    ... je me despoullay en *ma* chemise .... (S 152C:2)

    Je ay occis *ma* mere .... (E 107b)

    ... sy te prye que tu m'aides a tous *mes* besoins. (B 276)

    Et je troussay *mes* agoubilles .... (Q 55:24)

---

[5] A remnant of the declension system can be found in *Bérinus*: "... *ti* adversaires conteront leur raison ...." (80); "... je devendroie *ses* hommes liges a tousjours ...." (71)

...et fu en Blandie aux noces *ton* pere et *ta* mere .... (B 253)
...viennent [de] la profundeur de *ta* personne .... (S 159C: 6-7)
...ne laisseront point *ton* hostel .... (Q 122:10)
Ainsi voudroies tu jecter *tes* biens en la mer? (E 40a)
...*ses* yex rougoient, *sa* salive li ist de la bouche .... (CHM 1716)
...et s'en vint en *son* hostel, si s'arma et *ses* gens .... (B 350)
...ne aussy fist il *sa* barbe ne *ses* cheveux .... (S 40:564)
...qui pour *son* nom prenderoit les Euvangiles .... (Q 7:29)
Nous sommes .vii. freres, qui fusmes essillé et dechacié de *nostre* regne par *no* coulpe et par *no* meffait .... (B 259)
...incontinent les fadrins de *nostre* nave saillirent .... (S 154C:2)
...car il sont *noz* amis. (E 6b)
...et qui avons veu et oy recorder, par *nos* anciennes pluiseurs choses .... (Q 10:23-24)
...selon ce que j'ay ouy dire à *no* curé .... (Q 17:1-2)
Je su Fouke, *vostre* norry. (FFW 15:21)
...et vueil estre *vo* homs a faire *vo* voulenté et *vo* comment. (B 230)
...il me semble que *vostre* ordonnance fault .... (S 40:579-80)
...avecques *voz* autres quereles. (B 65)
...de qui vous tenez tous *vos* empires, royaumes et seignouries .... (CE 294:7-8)
...et presentay *voz* lectres aux barons et cappitaynes de l'armee .... (JP 7:20-21)
A ceus *nostre* doctrine soit otroiee et soit profitable a *lor* salut tant pour eulz comme pour *leur* paciens en *leur* maladies .... (CHM 17)
...et par *leur* industrie ou par succession de *leur* parens .... (E 73c)
...encore appetent il demourer par lonc temps avecques *leurs* amis. (E 163a)
...puis s'en vindrent tous a *leurs* nefs .... (B 119)
...toutes les assistentes avoient tourné *leurs* visages ou regart de dame Ysengrine .... (Q 14:2-3)
...qui bien les envoya joyeulx et contans en *leurs* maisons. (JP 16:19-20)

The possessive adjective agreed in gender and in number with the noun it modified. *Nostre, nos, vostre, vos* had no separate forms for masculine and feminine. *Leur* was invariable in our two earlier texts. *Leurs* (pl.) was frequent but not prevalent in the *Livre de Ethiques* and regular in the *Art de dictier* and the fifteenth-century texts.

Early in the fourteenth century, when the feminine singular form occurred before a noun beginning with a vowel, the *a* usually elided. However, often there was no elision; on rare occasions *ma, ta, sa* were replaced by *mon, ton, son* as in Modern French. By the latter years of the century the modern practice was already current, and by the end of the fifteenth century the elided form was practically nonexistent.

s'amie (FFW 19:16)

s'umidité (CHM 116)

sa amie (FFW 19:12)

son extremité (CHM 270)

son inclinacion (E 144b*)

son espouse (B 310)

t'amour (B 267)

mon unité (CE 304:9-10)

s'amour (R 45:30)

s'amie (Q 20:20)

ton aise (Q 154:15)

mon ayde (S 215:238)

The possessive pronoun. The possessive pronoun's function is to replace the possessive adjective and the noun it modifies. In Middle French the pronoun was accompanied by the definite article, except in rare instances. Following is a list of the possessive pronouns, as found in the texts examined.

MASCULINE SINGULAR	FEMININE SINGULAR:
le mien	la moie, la mienne
le tien	la toie, la tienne
le suen, le sien	la soie, la sienne
le nostre	la nostre
le vostre	la vostre
le leur	la leur

MASCULINE PLURAL	FEMININE PLURAL
les miens	les miennes

les tiens	les tiennes
les suens, les siens	les siennes
les nos, les nostres	les nos, les nostres
les vos, les vostres	les vos, les vostres
les leur, les leurs	les leur, les leurs

It can be seen that the declension system has disappeared. Although the article usually appeared with the possessive pronoun, it could often be omitted in the fourteenth century. In the fifteenth century the omission usually occurred before predicate nominatives. The *moie, toie, soie* forms, *les nos, les vos,* and *les leur* occurred in the fourteenth-century but not in the fifteenth-century texts.

...la .2. environ la cure de nostre nouvele experience, c'est a savoir de mon reverent maistre, Mestre Jehan Pitart, cyrurgien du tres noble roy de France, et de *la moie* .... (CHM 891)

...vous me vueillez conseillier tellement que vostre honnour et *la moie* y soit gardee. (B 564)

...depus qe je dey luttre ou juer malgré *mien,* je jueroy ou vous en la manere qe j'ai apris. (FFW 61:6-7)

...un costé un pou plus hault des autres, et *le mien* de costé elle. (Q 13:17-18)

...ne ja ceste honnour ne sera mie *mienne* .... (B 492)

...quar le prince clama tote la marche pur *le sue* e aportenaunte a Powys. (FFW 2:3-4)

...car le conte avoit encore *la sienne* toute neufve .... (B 520)

Alors se part le povre suppliant, venu de loings despendre *le scien* .... (S 13:202)

...e sovent prist son aver e quant qu'il poeit *del suen*. (FFW 59:26-27)

Il sembloit que tout fust *sien* .... (Q 72:3-4)

...car nul ne fait injustice as choses qui sont de soy meïsmes ou *siennes.* (E 103c)

...nous suposon que ele soit procuree selonc la doctrine Thederic et *la nostre* ... (CHM 1204)

...e, si *le nostre* seit vencu .... (FFW 76:22)

...qe vous facéz enterrer son cors qe bestes savages ne le devourent, e *les nos* quant mort sumes ... (FFW 72:27-29)

...et leur besoignes sont *les noz* et nous touchent. (E 45d*)

...et la habitent faulcons blans comme signes et assez plus aspres que *les nostres.* (S 1341:14-15)

Bel sire, est ceste nef *la vostre?* (FFW 58:1-2)

... et aussi que, si le plaisir de mondit seigneur et *le vostre* feust d'y aler .... (S 130C:4-5)

... e vous e *les vos* desheryléz pur tous jours .... (FFW 19:27-28)

... car les cannes de ce pays ne semblent pas *aux vostres* .... (JP 42:29-30)

D'autre partie, les meres scevent miex que les enfans sont *leur* que les peres ne scevent que ilz sont *leur*. (E 188d)

... nos effors ne nous vauldra rien contre *le leur*. (B 140)

... disoient que n'avoient pas trouvé *les leurs* .... (S 146C:1)

The pronominal form was sometimes used adjectivally with the definite or indefinite article.

... si comme se un prince avoit feru *un sien* subjet .... (E 98c)

"En *la moye* foy," dist Gieffroy, "il y a moult fort a vous bien conseillier de ce que li roys vous presente ...." (B 171)

... du commandement d'*un mien* tresgrant et especial seigneur et maistre .... (AD 292:8-9)

... et quist tant qu'il trouva le nom *du sien* frere escript. (S 115:6-7)

Et tiennent la royne ma femme et *une* petite fille *mienne* .... (JP 5:16-18)

... *une nostre* voisine me dist .... (Q 154:13)

Used adjectivally with the indefinite article, the possessive pronoun frequently carried the meaning of one among several. For example, in the above selections *un sien subjet* would be translated as "one of his subjects"; and *une nostre voisine* could mean "one of our neighbors" or "a neighbor of ours."

Demonstrative Pronouns and Adjectives

The forms of the demonstrative pronouns and adjectives were more or less interchangeable in the Middle French period; therefore we shall consider them together as demonstratives. These forms were varied but may be separated into three general classes: *cel* and its various forms, meaning usually "that" or "the one"; *cest* and its forms, meaning "this"; and the neuter *ce*. The declension system had disappeared by the beginning of the fourteenth century. The form *cil* survived but its use as a nominative form was lost. It appeared as subject of the verb, object of the verb, and object of a preposition. Likewise, *celui* and *cestui*, objective case of the pronoun in Old French, are found in all three positions.

Unless otherwise indicated, the following forms (with variant spellings) were used as both pronouns and adjectives, frequently reinforced by the deictic particle.

Cel

	SINGULAR	PLURAL
Masc.	cil cel (adj. only) celui celi	cil, ceus
Fem.	celle	celles

Cest

	SINGULAR	PLURAL
Masc.	cest ce cestui cesti	ces ce (pron. only, subj. of verb)
Fem.	ceste ce	cestes ces ce (pron. only, subj. of verb)

Ce

The neuter demonstrative appeared in only one form: *ce*.

Use of the demonstratives. The demonstratives enjoyed a much wider and more varied usage than they do today.

The adjective *cel* (and its various forms) was distinguished from the adjective *cest* (and its forms) by a matter of relative distance. *Cel* denoted distance either in time or in space, whereas *cest* indicated proximity.

Cel, etc.

> ... et les operations et les aides que *cil* membre fait ou cors. (CHM 1191)
>
> Fouke tot *cel* an entier demora costeant par Engleterre . . . . (FFW 59:24-25)
>
> En y*cel* temps Yweyn Goynez fust prince de Gales . . . . (FFW 1:16-17)
>
> Et quant il se vist en *cel* estat, il envoya ung scien famillier devers le roy . . . . (S 38:489-90)
>
> ... et qui au soir regarde en soy chaufant couvrir le feu, il ne sera marié tout *cel* an. (Q 122:2-4)
>
> Au temps de *cel* empereur fu cueilliee la matiere pour quoy j'ay ce livre entrepris . . . . Et a *cellui* temps avoit sept sages a Romme, dont je vous diray les noms. (B 4)
>
> ... *celle* fin est ordenee a felicité. (E 126b)

... les teneurs et contreteneurs neccessaires a *ycellui* chant . . . . (AD 272:13-14)

... et après *cellui* sacriffice la mer s'apaisa . . . . (R 41:12-13)

Mais *celle* nuit ledit roy Lancelot s'en alla a Saint Germain . . . . (S 192:979)

... c'est a savoir en *iceulz* seulz chapistres es quiex toutes les .3. manieres de la cure aront lieu. (CHM 1428)

... avecques tout l'art d'*icelle* science . . . . (AD 270:6-7)

... qu'il raporte des lavemens du pied du cheval sainct Martin, et d'*iceulx* lavemens en lave son pied . . . . (Q 88:19-20, 89:1)

Mais quant il advint que *celles* gens se convertirent a la loy crestienne, ilz laissierent leur folle erreur . . . . (B 435)

... depuis *celles* terres, *icelle* glace se estend quarente lieues en la mer . . . . (S 1331:26-27)

Cest, etc.

Ne soit pas ennui aus auditeurs de *cest* proeme du segont traitié faire plus brief qui est tel. (CHM 26)

De *cest* annel te espoux. (B 436)

Sur *cest* article se puet faire un argument . . . . (Q 34:6-7)

... et ainsi des autres choses en *ce* cas. (AD 268:19)

Le sisme jour vindrent a *ce* ysle. (FFW 74:15-16)

... car par *ce* moyen prospererez et non aultrement. (JP 14:4-5)

... qu'il doint honneur et bonne avanture a tous ceulx qui *ce* livre *cy* diligemment lyront et entendront . . . . (B 576)

... *cesti* dragoun ad ocys e destrut tot cet pays . . . . (FFW 64:19)

A *cestui* seigneur fist chascuns feaulté et hommage en bonne foy. (B 139)

... et *ycestui* Calcas trouva la figure de Fortune . . . . (R 40: 28-29)

... en touz *ces* perils le cyrurgien ne doit apareillier la plaie . . . . (CHM 617)

... car il dist que ceste Sebille qui dist *ces* choses fut Erictea . . . . (S 128C:6-7)

... et est de *ces* deux ainsins comme un mariage en conjunction de science . . . . (AD 271:27-28)

Et selon *ceste* maniere sont les arts et doctrines et offices ordenees les unes pour servir as autres. (E 3a)

... *ceste* tressainte prosperité de paix . . . . (S 10:113)

Seygnours, vous avéz oy eynz *ces* houres qe William Bastard, duc de Normaundie, vynt ou grand gent . . . . (FFW 1:11-12)

> Et en disant *cestes* choses, le vieil patron eust escript sa lettre . . . . (S 154:4)
>
> . . . et se medecine laxative ne souffist, après *ices* choses soient purgiés o flobothomie. (CHM 763)

As pronouns, *cil* and *cest* diverge. *Cest* (and its forms) almost never occurred pronominally in Old French. In our early fourteenth-century texts we have found examples of the pronominal use of this demonstrative in all its forms. It occurred often in the *Cyrurgie* and the mid-fourteenth century texts, once in *Fouke Fitz Warin*, and from time to time throughout the fifteenth century.

> Fouke est naufré a la mort e *cesti* ay je ore ici; les autres averei je bien, ou qu'il seient. (FFW 74:5-7)
>
> Et *ceste* est brieve et profitable et souffisant doctrine de ceux d'ore pour restraindre le flux de sanc. (CHM 694)
>
> Item, les tres precieuses des bons arts ou doctrines sont soubz *ceste*, si comme chevalerie, yconomique et rethorique. (E 3c)
>
> *Cestui* prist a femme Madame Marie . . . . (S 182:635-36)
>
> A *cestui* donna Logre le royaume de Blandie et l'en fist roy . . . . (B 219)
>
> . . . l'en va du terme a celui qui tient le louyer, ou de *cest* ici l'en va au terme. (E 5b)
>
> Et sont aucuns qui porroient dire que, entre toutes les choses cy devant dictes, *ceste* est celle que plus est forte a bien gouverner . . . . (S 18:378-80)
>
> L'utilité de son assise ou milieu d'*icés* est pour ce qu'il deffendent le fruit engendré des nuisemens de hors. (CHM 421)
>
> . . . et de tous *cez* les uns sont fors, les autres fiebles, les autres moiens. (CHM 1955)
>
> . . . il sont .v. en nombre et sont *cestes*: art, science, prudence, sapience, entendement. (E 118a)
>
> Dont s'il est aucun qui ait a faire de tres riches armes, si preigne *cestes*, se il les puet avoir . . . . (B 264)

By the middle of the fourteenth century *ce* had replaced other forms of *cest* as subject of the verb *estre*. This practice is noted from the beginning of the century.

> . . . toutevoies nous avons tant seulement culoevres, loisardes, stellions que nous apelon morones, *ce sont* loisardes meseles . . . . (CHM 1826)
>
> . . . *c'est* livre de bonnes meurs . . . . (E 1a)
>
> . . . *ce sont* les fins de teles choses par nous ouvrables . . . . (E 120c)

> ... *c'est* un pot qui boult jus du feu. (Q 36:22)
>
> ... je vueil savoir quelz gens *ce sont*, qui la damoiselle nous ont tollue et robee .... (B 336)
>
> ... car *c'est* la plus belle que je vis oncques. (JP 31:30)
>
> ... *ce sont* bonnes nouvelles .... (Q 145:18)

From the earliest years of the period, the forms of *cest* were occasionally reinforced by *ci*, fixing the implication of nearness and thereby indicating that the concept of proximity was beginning to weaken.

> Les autres font une seule incision du lonc, et *cez ci* poent a paine traire la croissance par cele incision .... (CHM 2201)
>
> ... l'en va du terme a celui qui tient le louyer, ou de *cest ici* l'en va au terme. (E 5b)
>
> Et vous dy, sire, que j'ay a nom Aigres et *cestui cy* Orchas, et sommes nous deux compaignons. (B 496)
>
> ... et de leurs grans victoires, comme fist a *cestui cy* .... (S 193:1000-01)

Toward the close of the century, the forms of *cel* were beginning to replace those of *cest* as pronouns, especially in the plural. As early as mid-fourteenth century, the meaning of *cel* was merging with that of *cest*.

> ... chascun de *ceulx yci* oe ce que dit Hesiode le poécte .... (E 5c)
>
> Et *ceulx ici* meïsmes profitassent plus asséz en telles besoingnes se, aveques la bonne habilité de nature que ilz ont, ilz eüssent la doctrine. (E 1c)
>
> Et ja soit ce que *ceste* musique naturele se face de volunté amoureuse a la louenge des dames, et en autres manieres, selon les materes et le sentement de ceuls qui en ceste musique s'appliquent, et que les faiseurs d'*icelle* ne saichent pas communement la musique artificiele .... (AD 270:30-32, 271:1-3)
>
> ... duquel j'en pensse a mettre et reciter pluiseurs en la fin de *ceulx icy* .... (S 38:506-07)
>
> ... ne sont ce pas *ceulx icy* que passent? (JP 61:6-7)

An examination of foregoing examples shows that *cest*, etc. served as subject of the verb or object of the preposition, but not as the antecedent of a relative pronoun.[6]

---

[6] We have found an occurrence of *cestui* as an antecedent of a relative pronoun in the *Livre de Ethiques*: "Et donques *cestui qui* est ainsi incontinent est moins mauvais que n'est le desactrempé." (147c)

It is *cil*, etc. that was the favorite demonstrative pronoun in Middle French, as it had been in Old French, and of which Modern French has retained the forms *celui, celle, ceux, celles*. In the *Livre de Ethiques* and later texts, *celui* has almost entirely replaced the short forms of *cil*.

Cil, etc., as antecedent of a relative pronoun, had the meaning of "that (those)" or "the one (the ones)." This antecedent could be subject of the verb, object of the verb, object of a preposition, or predicate nominative.

> Dieu ne deneieroit pas pardon a *cil qui* li requerroit humblement. (CHM 17)
>
> Qui fust *cil qui* les veïst a qui il n'en preïst pitié? (B 154)
>
> ... et *cellui qui* le fait est ami de Dieu .... (S 11:149)
>
> Mais *celi qui* est incontinent, il fait l'operacion .... (E 108b)
>
> ... ne sont ce pas *ceulx icy que* passent? (JP 61:6-7)
>
> ... ou quant chien qui est aguillonné, mort *chelui qui* l'aguillonne, et quant serpent mort *celui qui* aproce a sa caverne, et semblables. (CHM 1706)
>
> ... mais avant mon departement je voulz veoir faire l'election de *celle qui* lendemain devoit presider. (Q 44:1-3)
>
> L'artificiele est *celle dont* dessus est faicte mencion .... (AD 269:27)
>
> ... et ainsi je le vous jur devant tous *ceulx qui* cy sont. (B 466)

Cil, etc. as subject of the verb often replaced the subject personal pronoun, with the concept of "the above-mentioned."

> *Cele*, vivaunt le pere, sojorna en un son chastiel de Cartage. (FFW 76:7-8)
>
> Car *cellui* fut faulx et mauvaiz et ne me fist oncques ne foy ne loiauté envers moy .... (B 426)
>
> *Iceulx* le contraindirent a venir .... (S 40:562-63)

Cil, etc. as object of the verb could substitute for the object personal pronoun.

> ... en gouvernant *celui* en tel maniere .... (CHM 1648)
>
> ... toutefoiz que vous vouldriez venir a refuge de vos maulx, confesser *yceuls* et repentir de voz pechiez .... (CE 305:11-13)

Cil, etc. as object of a preposition could mean "the one" or "that" as in Modern French, or it might replace *y, en,* or the disjunctive pronoun.

... ilz ne ouvreissent les petites lettres closes qui estoient *en icelles* .... (S 49:858)

... ou le chant musicant n'aroit point lieu pour la haulteur *d'icellui* .... (AD 272:11-12)

... l'en puet ferir u chief sain après *icelui*. (CHM 946)

... cestes operacions, ou une *d'icelles*, la plus tres bonne. (E 13c)

Ce, the neuter demonstrative pronoun, functioned throughout the period as subject of the verb, object of the verb, and object of a preposition. It did not require reinforcement with *ci* and *là*, as it does at present; in fact, we did not find examples of *ceci* and *cela* until the mdidle of the fourteenth century. The neuter *ce* was invariable.

... *ce* ne puet pas estre fet en cors humain .... (CHM 21)

... pluseurs sermons et escriptures aient esté composees pour *ce* monstrer. (E 6b)

... et pour *ce* n'en faiz je point icy exemple pour briefté et pour abregier ce livret. (AD 287:13-14)

... que *ce* leur donna grant espoir de victoire .... (S 43:658-59)

Jamais après *ce* bien à femme ne feront. (Q 157:18-19)

Et par *ce ci* appert il que elles ne sont pas toutes parfaites. (E 8d)

Qu'est *ceci*? beaux amiz; ou nous veulx tu mener? (B 315)

... ou se nous avion un nom qui compreïst toutes teles choses, nous dirion que elle est vers *cela*. (E 93a)

Cela n'est point mauvais, dist une autre .... (Q 155:23-24)

De *cecy* furent fort joyeulx les barons de France. (JP 6:1-2)

As direct object of the verb, *ce* could be placed either before or after the verb.

Les freres Fouke, quant *ce* vyrent, saylerent hors a la porte .... (FFW 40:19-20)

Certes, je di ore *ce* en tel maniere .... (CHM 12)

Et quant il vit *ce*, il fist l'une des yssues grandement garder ... (S 50:881-82)

... ilz me vueillent *ce* pardonner en l'imputant a ma simplesce et ignorance .... (AD 292:5-6)

... en *ce* disant elle se tourna vers moy .... (Q 11:18)

As it had been in the earlier language, *ce* was needed in the transformation of a pure preposition into a conjunction.

...et *des ce que* il seront sechiés et la dolour recommancera, soient ostés et mis autre fois et amoistis es jus .... (CHM 2078)

...nous le loons *de ce que* il aime honneur .... (E 35b*)

Aprèz ce que la noble dame ot rendue l'ame au dieu d'amours .... (R 43:1-2)

Adonc se alerent reposer *pour ce que* toute la nuit ilz avoient veillié .... (B 413)

...l'en lui doibt frotter son museau *à ce qu*'il a dommagié .... (Q 146:2-3)

Summary. The demonstrative pronouns and adjectives in the early years of the fourteenth century were in a state of confusion, this confusion being in large part due to the excessive number of forms available to the writer. It is impossible to state certain rules for the use of these demonstratives. We shall have to limit ourselves to describing what was actually being done and to making a few generalizations based on observation of the practice at this time. (1) The demonstratives were divided into two groups: those based on *cel* (distance) and those based on *cest* (proximity). (2) The declension had disappeared, leaving traces in the *cil* form (we found no examples of *cist* in our texts), which was used indiscriminately as subject or object. (3) *Cest* and its various forms (including *ce*) were most commonly adjectives, although they occurred sometimes as pronouns, especially in the plural forms. (4) *Cil* and all its variations (except *cel*, which was always an adjective) could be either adjective or pronoun. (5) *Cil* and its forms were the demonstratives used as antecedent of a relative pronoun. (6) In addition to its Modern French uses, the demonstrative pronoun was a common substitute for subject personal pronouns, object personal pronouns, *y*, *en*, and the disjunctive pronouns. (7) *Ce* was an invariable neuter pronoun and could be used as subject or object of the verb or as object of a preposition.

At the beginning of the fifteenth century there was little change in the function of the demonstratives, but the number of forms had been reduced considerably. *Cel* and *cest* were beginning to approximate each other in meaning. The deictic prefix *i-* was used constantly. One can see, leaving aside this deictic particle, that we have, by the middle of the fifteenth century, approximately our modern forms. The *cest* forms have survived today as adjectives. Similarly, the number of *cel* forms had been reduced to *celui, celle, ceux, celles*. It is they that come down to Modern French as the demonstrative pronouns.

Relative Pronouns and Adjectives

Relative pronouns as subject and object of the verb. The most commonly used relative pronouns in Middle French were *qui* and *que*. *Qui* normally served as the subject of the verb, *que* as the object of the verb. Both could have as antecedent a person or a thing.

>Aucunz ouvriers sont a Paris *qui* vont par les rues . . . . (CHM 12)

>. . . avindrent les faiz et les belles aventures *qui* bien doivent estre mises en memoire et recordees . . . . (B 1)

>Le prodomme, *qui* doubta les menacez, mist Thibée en sa maison . . . . (R 47:17-18)

>. . . la declaracion des voieulz en la maniere *qui* s'ensuit. (AD 273:2-3)

>. . . les oeuvres *que* j'ai peu apercevoir . . . . (CHM 13)

>Car mon mary, *que* j'ay espousé . . . m'en fait perdre maint beau somme. (Q 155:1-3)

>. . . souviengne vous des sermens *que* vous ferez . . . . (S 218: 329-30)

Que could replace *qui* as subject of the verb,[7] although this practice was fairly rare in most of our texts.

>. . . ne n'i a nul de tout le pueple, tant soit ignorant, *que* ne la sache bien . . . . (CHM 1798)

>. . . et je vous bailleray le plus bel coustel et le plus riche *que* onques fu fait . . . . (B 63)

>. . . ayans esgard a maintz aultres grans perilz *que* sont advenus . . . . (S 16:298-99)

>. . . et vindrent jusques auprès du roy d'Angleterre *que* commença a les regarder . . . . (JP 38:28-29)

A favorite construction in Old French was the use of *qui* as the subject of the verb, without antecedent, to mean "if anyone," "he who," or "whoever." This usage was disappearing, but examples of it are found throughout the period.

>*Qui* le sien gastera l'autri avoir vouldra. (E 70b*)

>*Qui* veult luitier, si viengne avant. (B 435)

>Et *qui* se doubteroit de ce non pouoir retenir, il ne faulroit que prandre un lay . . . . (AD 288:8-10)

---

[7] In *Fouke Fitz Warin*, *que* is constantly both subject and object. *Qui* is used in cases in which *cui* would have been employed in Old French.

> *Qui* porroit trouver, dist Marote Ridée, l'erbe qui reveille les niches maris, j'en donroie jusques à ma chemise, et deusse aler pour mon pain. (Q 65:15-18)
>
> ...car *qui* les diroit ou prendroit selon elles, nul ne esliroit telle chose. (E 40a)
>
> Item, *qui* vuet savoir les vertus des herbes, Macer le poete en monstre la verité par son livre. (R 69:24-25)

"What" or "that which" was, in the Middle French period as it is today, usually rendered by *ce qui* or *ce que*. However, it was not uncommon to find the *ce* omitted.

> ...selonc *ce que* j'ai oï de leur doctrine .... (CHM 14)
>
> Et pour ce, *ce que* nous en avons fait est pour le commun prouffit .... (S 208:12-13)
>
> ...*ce qui* ne plaira a l'un souffira a l'autre .... (B 1)
>
> ...et nous dire ou faire *ce qui* s'enssieut. (S 217:303)
>
> ...cely est riche qe ad *qe* son cuer desire. (FFW 9:2-3)
>
> ...je te diray *que* tu feras .... (B 75)
>
> ...selon *ce que* tu meismes dis .... (S 32:312)

Ce qui or *ce que* could refer to a whole clause or idea.

> La .2., que il sente froit et chaut, *ce que* les cheveus ne font pas. (CHM 139)
>
> Et pour ce est une derision *ce que* disoit Erupides le poëte .... (E 40b)
>
> Et de ceste musique naturele, et comment homme, depuis qu'il se met naturelment a ce faire, *ce que* nul, tant fust saiges le maistre ne le disciple, ne lui sçavroit aprandre .... (AD 272:16-18)

Le quel (*lequel*) and its various forms also served as subject (and rarely as object) of the verb, though not so frequently as *qui* and *que*. Despite the fact that *quel* had been neutral in Old French, by the early fourteenth century it usually agreed, when it was used pronominally, in both gender and number with its antecedent. As early as the *Cyrurgie* we find the feminine form *laquele*, *-es* used in 58 cases out of 60 when it replaced a feminine noun. *Le quel* generally referred to things, but frequently it referred to people. Its antecedent was never a demonstrative pronoun. By mid-fourteenth century the article was joined with *quel* and thereafter the combination was written as one word.

> ...si comme pareis, maisons, paintures et choses semblables ja commencies et accomplies, *les quels* profitent moult aus ouvriers .... (CHM 12)

...que le roy fit mener après luy jusques a Seguonye devers la royne, *laquelle* vint a grant honneur .... (JP 11:8-10)

...e le roy vous ad maundee une letre, *laquele*, sire, vous avéz celee de moy .... (FFW 55:4-5)

...pour ce est donné un filz a la deesse Venus, *lequel* est nommez Cupido .... (R 44:27-28)

...elle s'est adonnee au traïtour qui tant m'a fait de mal et villenie, et *lequel* j'ay banni de ma terre. (B 528)

Ilz peschent infinit nombre de poyssons, *lesquelz* ilz seichent au soleil ... (S 1331:36-37)

Rarely did a relic of the declension system survive.

...les autres metent .10. tuniques, *li quel* ont autre opinion. (CHM 211)

...mais or est il bon assavoir *liquelx* doit suïr l'autre. (B 114)

...*liquelz* dist en sa glorieuse passion que ses royaumes n'estoit pas de cest monde .... (CE 298:15, 299:1)

Relative pronouns as object of a preposition. After a preposition one may find *lequel*, etc.; *quoi*; or *qui*. *Qui* always referred to people; *lequel* generally referred to things or to people; *quoy*, though neuter in form, often referred to things but rarely to people.

...la .3. environ les membres *es quiex* les choses sont fichees .... (CHM 596)

...cestui Junius Brutus, *duquel* il parle .... (S 24:41-42)

...que tout confus me convint entreprendre ceste charge, *en laquelle* ... je vous supplie me le pardonner .... (Q 8:7-11)

Entre les .vii. ars et sciences *par lesquelles* ce present monde est gouverné .... (AD 266:1-2)

...et sont faites aussi comme moitié de roelle *o quoi* l'en trait eau de puis, c'est poulie. (CHM 270)

...sans remuer le siege *sur quoy* on s'est deschaussié .... (Q 35:9-10)

Or advint que le terme eschey que le jour de la bataille que Orchas devoit faire estoit venus, *de quoy* il estoit en grant pensee .... (B 479)

...le cuer lui dist que c'estoit cellui Gieffroy *de quoy* son pere avoit tant de foiz parlé .... (B 367)

For *de* plus the relative pronoun, one could substitute *dont*.

...et la estoit le nain *dont* je vous ay parlé. (B 435)

Et est a sçavoir que nous avons deux musiques, *dont* l'une est artificiele et l'autre est naturele. (AD 269:25-26)

> C'est chose moult de fois esprouvée, *dont* les exemples en seroient trop longues à raconter. (Q 67:1-3)

The form *cui* had been the personal form employed in Old French after prepositions. During the thirteenth century[8] *cui* and *qui* had become so confused that by the first years of the fourteenth century *cui* had almost entirely given way to *qui*, although occasionally it is found in our early texts.

> ... dont nous prioms en le noun Dieu, *en qy* vous creéz, que vous nous aidéz .... (FFW 62:1-2)

> ... et adonques le membre *a cui* cel nerf servoit, perdra le mouvement naturel .... (CHM 1319)

> ... a grant honour fust enterré a la Novele Abbeye. De la alme *de cui* Dieus eit merci! (FFW 86:1-3)

> ... mais aucuns sont *a qui* il ne sont pas tousjours bons. (E 90d)

> ... vostre Pere qui est es cieulz, *de qui* vous tenez vos empires .... (CE 294:7-8)

> Dont cestui Hasdrubal, *de qui* ceste histoire fait mencion, tenoit le siege a Vesasius .... (S 61:1214-15)

> ... et advisent *a qui* ilz donrront la charge de leurs guerres. (S 241:58-59)

In the fourteenth century *qui* (*cui*) also meant "whose" and was followed immediately by the noun, without an intervening article.

> Donqe reverti Fouke e demaunda ou il fust e en *qy poer*, e ces freres ly confortoyent .... (FFW 73:24-26)

> Aprés *cui mort*, Johan, le frere le roy Richart, fust coronee roy d'Engleterre. (FFW 31:17-18)

> ... laquelle est causee pour leur negligence comme ceuls en *qui posté* il estoit non ignorer. (E 50a)

> Et Griano, qui estoit li plus sages d'eulx tous et par *qui conseil* il avoient ouvré .... (B 139)

In the fifteenth century "whose" was usually expressed by *a* or *de* plus *qui* or *lequel*, etc.

> Le seigneur *a qui* estoit la vache fut moult liez de ceste responce .... (S 24:26)

---

[8] Lucien Foulet, *Petite syntaxe de l'ancien français* (3rd ed.; Paris: Champion, 1930), p. 181.

> Si ne parloient par le palais que de Jehan de Paris, *duquel* la venue leur tardoit beaucoup. (JP 53:25-26)
>
> ...et sur tous en eut grant joye la pucelle, *a qui* le cueur tout sautelloit de joye. (JP 77:8-10)

Relative adjectives. Le quel was often used as a relative adjective if the writer wished to repeat the antecedent instead of making use of the relative pronoun. It appears that this repetition was usually, but not always, preferred when the relative was so far from its antecedent that confusion would result even if *lequel* (pronoun) were used instead of *qui*. As an adjective, *quel* was somewhat slower in developing the feminine form. In 80 examples, *la quel* (or *lesquels*, before a feminine noun) occurred 44 times, *la quelle* (or *les queles*) 36 times in the *Cyrurgie*. At the end of the fourteenth century, however, the relative adjective was agreeing regularly in the feminine. This relative adjective, especially in combination with *chose*, might refer to a whole clause or an idea. The noun modified by the relative adjective served as subject or object of the verb or object of a preposition.

> Le tiers traitié sera des cures de toutes maladies qui ne sont plaies ne ulceracions ne passions d'os. *Les queles* maladies aviennent communement a tous membres et a chascun du chief dusc'aus pies; pour *la quele* cure l'en a recours en cas de nécessité au cyrurgien. (CHM 6)
>
> Des choses dites puet estre desclairié que le cirurgien doit estre engineus naturelment, *la qul chose* est prouvee par l'auctorité d'Avicene.... (CHM 546)
>
> Et teles singulieres sont cogneües par sens et par experience, *laquelle* cognoissance est appellé entendement. (E 127c)
>
> Virgile le descript par un petit livre qu'il fist, *lequel* livre a nom *Riga romana*. (R 69:26-27)
>
> ...Arismetique, Musique et Astronomie, *lesquelz* ars trouva, du tiers aige du monde et au temps de Habraham.... (AD 266:6-8)
>
> ...la Saincte Terre conquerir et les mauvaises lois des ennemis de la foy mettre a la vraye loy de Jhesu Crist, en faisant *lesqueles* choses... pourrez conquerir et avoir le royaume de Paradis.... (CE 308:14-18)
>
> ...il est conferent et utile a la fin principal, *de laquelle* fin prudence a vraie estimacion. (E 126b)

Interrogative Pronouns and Adjectives

The interrogative pronouns. In the texts we examined, the

interrogative pronoun referring to persons was *qui* in all positions.[9]

>Ore, fet Fouke, *qy* de vous se fet apeler Fouke? (FFW 43:4-5)
>
>Vierge Marie, que pourray je fere ne a *qui* me pourray je conseillier . . . ? (B 60)
>
>*Qui* est ce? Response: C'est un prestre. (E 42b*)
>
>"Et *qui* estes vous donc?" dit le roy. (JP 52:9)
>
>. . . et a *qui* sont ilz? (JP 56:3)

Referring to things or ideas, as subject of the verb *estre* followed by a predicative nominative, *que* (indefinite) and *quel* (particular) served as interrogative pronouns. As subject of a verb other than *estre*, one finds *quel* or *qu'est ce qui*.

>Le quint est, *qu'*est cyrurgie? (CHM 27)
>
>*Q'*est vostre noun? (FFW 58:3)
>
>Le diziesme, *quele* est l'entencion ou la fin principal du cyrurgien. (CHM 27)
>
>*Qu'*est-ce, filz a putain . . . ? (B 96)
>
>*Quel* en avint? (B 88)
>
>"*Qu'est ce*, sire," se dit Berinus, "*qui* vous meut ores a moy chastier?" (B 35)
>
>Et se aucum seigneur ou dame demandoit *quelles* sont les euvres . . . . (S 7:29)
>
>Et *que* peult estre ce? (JP 57:25)
>
>Dictes, mon amy, *qu'*est ce dedans ces beaux chariotz? (JP 55:13-14)

As object of the verb, "what" (indefinite) was expressed by *que*, sometimes *quoi*. *Quoi* also served as object of a preposition. Occasionally one finds the long form, *qu'est-ce que*, as object of the verb.

>*Qoi* dient yl en estrange regneez de moy? (FFW 52:7)
>
>Qu'est cheveus et *de quoi* et par quel maniere . . . . (CHM 136)
>
>Car se celui qui fait tele laidure estoit en grant passion de concupiscence, *que* feroit il? (E 145a)
>
>Et *que* en pouons nous faire? (B 210)
>
>*Qu'*en dittes-vous? (Q 69:5)
>
>. . . et *que* avez vous? (S 167:102)

---

[9] After a preposition Old French had employed *cui*. See p. 79.

...*pourquoy* furent ses apostres depuis mors et persecutez? (S 67C:4-5)

Et *qu'esse ce qu'*il dit, beau filz? (JP 47:10)

"Monseigneur," dit le roy de France, "*qu'est ce que* vous avez dit?" (JP 92:23-24)

A pronominal form, nonexistent today but current in the fourteenth century, was *quant* ("how many").

...e quele gentz e *quantz* e quele meisnie lur seignour avoit lessé derere ly.... (FFW 19:6-8)

Mais quelles especes et *quantes* sont des justes dessus dis .... (E 105a)

The interrogative adjectives. The interrogative adjectives were *quel* ("what" or "which") and *quant* ("how many").

Quele beste veitez vous? (FFW 69:1-2)

...*quelz* ensseignes porterons nous? (S 197:1126)

...*quel* hoir vous semble-il que je porte? (Q 62:2-3)

A *quel* instrument et a *quelle* ayde? (E 42b*)

Le septisme, *quans* estruments a cyrurgie.
L'uitiesme, *quantes* espoices ele a. (CHM 27)

...*quelles* rymes sont consonans et quelles leonimes et queles equivoques; par *quantes* manieres se puent faire balades et de *quans* vers .... (AD 272:28-30)

...*quans* hommes couchierent ennuit avec vous en vostre lit. (B 461)

Le neufme est comment et en *quantes* manieres les princes de l'Allemaigne sont creez emperreurs. (S 5:73-74)

The interrogative "whose" was expressed in Middle French as it is today by the construction *a qui*.

Danz maryner, *a qy* e dount est cele neef qe vous guyéz ... ? (FFW 59:6-7)

...et puis lui demanda qui il estoit et *a qui*. (B 281)

...et *a qui* et quant et pour quoy et comment, chascun ne le scet pas. (E 37d)

Dictes, messeigneurs, quelz chariotz sont cela, et *a qui* sont ilz? (JP 56:2-3)

Indefinite Pronouns and Adjectives

The principal indefinite pronouns in the Middle French period included *tel, meisme, un, autre, on, tant, plusieurs, maint, poi, petit, moult, tout, chascun, aucun, nul, rien, quanque,* and rarely *autrui*. *Tel, meisme, autre, plusieurs, tout, chascun, aucun,* and *nul* also served as indefinite adjectives. We have already mentioned *poi, petit,* and *moult* under the Partitive. Negative values of *aucun, nul,* and *rien* will be treated under Negation. We shall limit ourselves here to a few comments and examples.

Tel. *Tel* was both pronoun and adjective. It had had only one form for both masculine and feminine in Old French; but by the early fourteenth century a feminine form was rapidly developing, and by the fifteenth century *tele* was regular.[10] It was most frequently used without the indefinite article.

> Ce est que cele ulcere est *tele* de la quele toute la parfondesce ne puet estre veue .... (CHM 1601)
>
> Fouké ly granta bien tote sa demande a *tieles* qu'il ly donast .... (FFW 69:30, 70:1)
>
> Et a *tel* actribue l'en prudence. (E 122b)
>
> ... car il n'afferroit mie que je *telle* chose feïsse sanz leur conseil. (B 165)
>
> Et pour ce sont *telz* mots appellez equivoques .... (AD 277:10)
>
> ... lors il suffist en *tel* cas que les derrenieres syllables soyent tout ung. (R 4:5-6)
>
> ... me feroient *tele* remuneracion que jusques à souffire .... (Q 7:25-26)
>
> ... je me tiendroye bien honnoré d'en avoir demye douzayne de *telz* .... (JP 56:6-8)

Meisme, plusieurs, maint. *Meisme, plusieurs,* and *maint* were both pronouns and adjectives. *Plusieurs* was, naturally, always used in the plural, *maint* in the singular or plural. Both *plusieurs* and *maint* carried the meaning of "many," but *plusieurs* was preferred.

> Ce *meismes* puet estre prouvé par raison .... (CHM 45)
>
> ... car une *meïsme* puissance et une *meïsme* science sont de choses contraires. (E 89d)
>
> ... ung *meisme* jour que Auffricque seroit delivré des armes de Sicile .... (S 48:808-09)
>
> ... et elle plaine de joye, en disant a li *meismes*. (R 48:2)
>
> Fouke e sire Thomas Corbet e ces autres compaignons *plusours* ocistrent. (FFW 50:24-25)

[10] See p. 29.

> Moult experte fut en *pluiseurs* ars. (Q 14:16)
>
> ... l'en seürmonte celles par lesquelles *pluseurs* seroient seürmontéz .... (E 144c)
>
> ... pour ce que en la salade se mettent *pluiseurs* bonnes herbes. (S 3:17-18)
>
> ... e *meynt un* ad si aportee e mangee, dount vous poéz la dehors vere les os .... (FFW 65:22-24)
>
> E pour ce dison nous *maintes* foiz en proverbe que justice est la plus tres noble de toutes les vertus. (E 91c)
>
> ... de leurs mailles de leurs haubers ilz firent voller *maintes* a terre. (B 541)
>
> Dont puis leur convient, pour leur estat maintenir, souffrir *maints* tors et *maintes* tirannyes .... (S 7:21-22)
>
> ... dont elle avoit rapporté *mainte* parfonde science. (Q 46:2-3)

Un, autre. *Un* could be used as a pronoun as well as an indefinite article. As a pronoun it meant "one" or "some." *Autre* was both pronoun and adjective.

> ... toutevois *les uns* et *les autres* ont sens et mouvement, *les uns* plus, *les autres* mains. (CHM 80)
>
> Essample d'*un* pour tous .... (CHM 285)
>
> Joce fist son chastiel de Dynan de tres baylles e le envyrona de double fossee, *une* dedens e *une* dehors. (FFW 3:6-8)
>
> ... se *un* a ocis et *l'autre* soit mort, tele accion et tele passion sont divisees par inequalité. (E 96d)
>
> Ung peu de temps après, vint *l'un* d'eulz .... (S 32:304-05)
>
> ... qui est *une* des deesses d'enfer. (R 69:13)
>
> ... l'en trueve de legier *autre* buche ou *autre* cuir semblable .... (CHM 21)
>
> ... lesquelz vont en rondelant et en respondant baston a *aultre* .... (R 4:18-19)
>
> ... commença à parler après licence obtenue *des autres*, ses compaignes .... (Q 9:11-13)
>
> ... et ala en *une autre* nef qui estoit assez prez d'illec .... (B 268)
>
> ... proferans les sequences et *autres* choses des chans de saincte Eglise. (AD 270:13-14)

Autrui. *Autrui* should be mentioned here although its occurrence was infrequent in the fourteenth century and rare in the fifteenth. A pronoun only, it usually denoted the plural and was used principally in the objective case. We have found instances of *autrui* as a genitive in the *Ethiques, Bérinus,* and the *Recueil* (*Des règles*).

> Certes, sire, fet il, yl n'est pas digne de receyvre terres de *autruy* doun qe les suens de dreit heritage ne puet tenir a reson. (FFW 57:25-27)

> Et pour ce justice seule et nulle autre vertu semble estre bien de *autrui* .... (E 91d)

> Se elle se siet dessus, venant illec pour *autrui* grever ... ne s'en pourra lever ne partir du lieu. (Q 117:16-18)

> ...car Dieu n'emprent jamais sur le droit d'*autrui* .... (Q 60:15-16)

> Qui le sien gastera l'*autri* avoir vouldra. (E 70b*)

> ...pour faire *autrui* besongne. (B 308)

> ...qui est mis pour le soleil, est entendu les grans ravaleurs et opprimeurs d'*autruy* vouloir. (R 66:20-21)

On, chascun. *On* was always a pronoun (subject of the verb) and was often written *l'en*; *chascun* served as pronoun and adjective.

> Sire Amys, fet le roy, conussez vous Fouke le fitz Waryn, de qy *um* parle grant bien par tut? (FFW 56:29-30, 57:1)

> ...de quoy *l'en* puet faire ce que *l'en* voloit faire en la buche ou en cuir corrumpu .... (CHM 21)

> ...il me firent porter a un carrefour, et me laissa *on* la toute une nuit. (B 281)

> Et quant *on* est sus, pareillement voit *on* les deux mers, comme *l'en* fait du mont devantdit .... (S 72C:7-8)

> *L'on* l'alla dire au roy d'Espaigne .... (JP 45:20)

> ...et cyrurgiens et autres menesterex, *chascun* en sa faculté, font leur propres livres .... (CHM 19)

> Et neantmoins est *chascune* de ces deux plaisant a ouir par soy .... (AD 272:2-3)

> *Chacun* en dit et fait à sa guise. (Q 138:22)

> *Chescune* creature avera la mort qe ly est destinee. (FFW 58:15-16)

> Et a l'entree de *chascune* sale et de *chascune* chambre avoit grant compaignie de dames .... (S 92C:7-9)

> ...disoit que autant de gannes dyables sont assiz dessus *chascun* pied .... (Q 35:16-18)

Tant, tout, quanque. *Tant* was used as a pronoun, *tout* as both pronoun and adjective. *Tout* as a singular adjective usually had the definite article inserted between itself and the noun it modified. The form *trestout* was common throughout the fifteenth century. *Quanque* (*quant* + *que*) was the equivalent of Modern French *tout ce que* (or *qui*), and was more frequently employed in the fourteenth century than the latter construction; but *tout ce que* was not unknown even in the earliest years.

... et de tant comme elle est plus reposte ou parfonde, en *tant* a ele mestier de plus fors medecinemens . . . . (CHM 1535)

... et encores nous yroit il bien, se par *tant* nous pouoions eschapper. (B 172)

... et pour y*tant* je n'y voi nul bon conseil sur ce qu'il ne conviengne que je rende le royaume. (B 564)

"Ore, seynours, a Fouke *tous!*" Fouke respond cum orgoilous: "Certes, e Fouke a *tous!*" (FFW 50:21-23)

... ainçois te feroit *tout* tollir et oster . . . . (B 172)

... sy furent *trestous* mors. (S 48:821-22)

... se *tous* ne perissent miserablement. (Q 105:7-8)

... *toute* l'operation de cyrurgie manuel. (CHM 3)

... car *tout* bon rethoricien doit parler et dire ce qu'il veult moustrer . . . . (AD 267:5-6)

... Pere, lequel en *tous* temps est piteables et pardonnans *toutes* iniquitez aux repentans . . . . (CE 310:5-6)

... car *toute* la feste en sera honnoree. (JP 52:22)

Et pour ce les doivent bien *tous* princes et princesses eschiever et fouir . . . . (S 165:33-34)

... c'est assavoir *quanque* nous qui or sommes et nos predecesseurs avons aquis de cyrurgie . . . . (CHM 18)

... e le deble vint de nuyt e oost *quanqe* leynz fust . . . . (FFW 4:7-8)

... maiz sans faille je lui oy dire *quanques* j'ay dit et recordé a Marcus. (B 533)

... vous me saluerez vostre seigneur et lui signifierez de par moy que *quant que* j'ay est en son commandement . . . . (B 122)

Col est *tout ce qui* est contenu entre le chief et les espaules, et entre le menton et le pis. (CHM 251)

Car, par la cognoistre, la povons nous mieulx acquerir et *tout ce qui* nous convient. (E 3b)

... je feray a mon pouoir *tout ce que* je pourray . . . . (B 445)

... l'en sache *tout quant que* est bon a toutes bestes . . . . (E 122b)

> Je vous ay dit que *tout ce qu'*il vous plaira me plaist . . . . (JP 83:20-21)

Quelque. In Old French the combination form was almost unknown. The two parts, *quel* and *que*, were written separately when used as a pronoun; as an adjective *quelque* (with *que* forming a conjunction) was extremely rare. However, we find *quelque . . . que* employed quite regularly from the beginning of the fourteenth century, although *quel . . . que* also occurred. *Quelcun* appeared in *Jehan de Paris* near the end of the fifteenth century.

> Les membres consemblables sont tous ceux, *quiex que* il soient, qui entrent en la composition des membres officiaux . . . . (CHM 51)
>
> Donques convient il teles choses mesurer par une autre chose *quelle que* elle soit, si comme il est dit devant. (E 99d)
>
> . . . leurs devoirs et rentes, *quelz qu'ilz* soient . . . . (S 20:419)
>
> . . . quant eles se different et de *quele* maniere *que* eles soient . . . . (CHM 1551)
>
> . . . et tu remenras cy, *quelle* aventure *qu'*il m'en doye avenir . . . . (B 83)
>
> . . . en *quelque* meniere *que* ce fust . . . . (CHM 21)
>
> . . . et te menroye a terre en *quelque* lieu *que* tu vouldroies. (B 259)
>
> . . . pour *quelque* richesse ou seignourie *qu'*il ait . . . . (S 233:17-18)
>
> Si nous a faillu attendre que *quelcun* aye ouvert l'uys. (JP 70:16-17)

As an adjective meaning "some" or "a certain," *quelque* was well established in the fifteenth century.

> Je croy qu'il face sa neufvaine à *quelque* sainct. (Q 71:19-20)
>
> . . . comme voz aultres, jeunes gens que bien aymez *quelque* belle jeune fille . . . . (JP 89:8-9)

Aucun, rien, nul. When the verb was positive, these pronouns were not negative in value, especially *rien* and *aucun*. *Aucun* and *nul* could also be employed adjectivally.

> . . . et pour ce que *aucuns*, qui ont cel livre, ne pueent pas briement aquerre l'entencion de lui quant a l'anathomie . . . . (CHM 38)
>
> . . . e bien tost par aventure orroms par *ascun* coment il est de cet pays. (FFW 64:7-8)
>
> . . . il n'est *aucune* de vous . . . . (Q 15:2)

... se tu scez *aucunes* nouvelles, si les nous diz. (B 546)

... et disoient les *aulcuns* qu'il estoit demy fol. (JP 43:2-3)

... sont *aucuns* seigneurs quy s'en mocquent? (S 13:201)

Et quant ilz ont ... a leur seigneur faire *aucun* don .... (S 18:369-71)

... mes, si *rien* desirréz de nostre, vous le averéz volenters. (FFW 59:14)

... vous devez avoir peu de fiance en *riens nulle* que vous aiez .... (B 100)

Et si *riens* vous survient, faictes le moy savoir .... (JP 14:5-6)

... que s'il eschapoit *rien* a l'un, que l'autre ordre le presist. (CHM 390)

... je n'en sçay *riens*, car point ne les ay veuz .... (JP 54:15-16)

... et les gardoient aussi chier com *nul* avoir .... (CHM 19)

Fouke ly demanda s'il savoit *nulle* viande a vendre en le pais. (FFW 60:5-6)

... s'il estoit *nulz* en qui je m'osasse fier .... (B 71)

... et qui me vouldra *nulle* chose, en compaignie de ladicte royne me trouvera. (S 109C:6-7)

... pour sa richesse cuidoit estre mieux amée et plus sacriffie que *nulles* des aultres deesses. (R 46:22-23)

Other commonly used indefinite adjectives and/or pronouns were *quelconques*, *quiconcques*, and *qui que*.

... ne aultre esgart de devoir, *quelconcques* soit. (S 17:340-41)

... de *quelconcque* chose pour mengier .... (Q 24:3-4)

Et *quicunquez* sera ignorant le canon de ceste chose de la maniere de transferer soi d'une medecine a l'autre .... (CHM 1565)

... *quiconcques* mengue lendemain sur icelle, ses dens lui devendront noirs .... (Q 80:8-10)

... mais ja pour ce, *qui que* l'ait fait, n'est que l'en y monte, combien que ce soit a grant peril. (S 102C:6-7)

CHAPTER IV
THE VERB

Persons

In Modern French the person of the verb is indicated by the subject as well as by the inflection of the verb. In Old French the subject was not requisite for the understanding of the person. Because of the phonetic pronunciation of the older language and because, as a result, there were six different forms in a single conjugation, a pronoun subject could be omitted with no loss of clarity. Let us take for example the present indicative of *chanter* in Old French: *chant, chantes, chante, chantons, chantez, chantent*. The first person singular carried no final *-e* and the *-t* was pronounced. In the second person singular both the feminine *e* and the *-s* were pronounced, while in the third person singular the final *-e* was pronounced, as was the *-ent* of the third person plural. Consequently, there was not the need for subject pronouns that we have today when the entire singular and the third person plural are pronounced essentially alike.

As early as the first years of the fourteenth century we find subject pronouns being employed in more cases than they were omitted. The first person singular of the first conjugation had already acquired a final *-e*.

> ... se *je ajouste* aucune fois ... ou se jou en soustrai, ou se *je tresporte* de lieu en autre .... (CHM 11)
>
> Ne vous peise, si *je corne* pur ly, e bientost mangeroms. (FFW 60:14-15)
>
> ... car *j'aime* mieulx le deduit du hasart des dez .... (B 35)

Only in *Fouke Fitz Warin* and *Bérinus* (where the author is consciously striving to be conservative) do we find the older forms, intermingled with the new.

> Certes, fet le prince, ma pees je vous *grant* e *doynz* e de moy bon resut averéz. (FFW 46:9-10)
>
> Mes chiers enfans, a Dieu te *comment*. (B 242)
>
> Sy te *conjur* de quanques je puis que tu le me dies tost et hastivement. (B 259)

In *Fouke Fitz Warin*, out of 73 instances, the subject pronoun was found 35 times and omitted 38 times. On the other hand, in the less literary but more popular *Cyrurgie*, out of a total of 120, the subject pronoun was used 107 times and omitted only 13 times, five of which were in impersonal constructions while two carried the idea of the imperative. All through the fifteenth century the subject pronoun was used predominantly although the practice of omission was continued to a small degree, usually in impersonal constructions or in the first person plural. In the *Quenouilles*, out of 65 examples, the pronoun appeared 47 times and was omitted 18 times. In the *Salade*, out of 72 possibilities, it was used 56 times and omitted 16 times.

> Quant *vyndrent* a Dovre, *entrerent* la tere e *lesserent* Mador ou la nef en un certeyn leu .... (FFW 67:24-25)
>
> Or *voudrai* donc mettre et desclairier en cest livre en apert, sans riens repondre, o diligence, toutes les oeuvres que *j'ai peu* apercevoir et connoistre .... (CHM 13)
>
> Et se en ceste maniere *mectons* et *traions* arriere de nous delectacion, *nous* en *pecherons* moins. (E 38c)
>
> ... et bien *vueil* qu'il *sache* qu'*il* nous *tendra* nostre convenance .... (B 112)
>
> ... ja hommage ne te *feray*, si m'*araz compté* ton pouoir et qui *tu es*. (B 259)
>
> ... *je say* bien qe *il m'ociera*. (FFW 66:5)
>
> ... a tel fin que *eles y demeurgent* plus longuement, et ainsi *eles oevrent* miex .... (CHM 1687)
>
> Bien *est* vray que cest reigle a aucunes excepcions .... (R 4:4)
>
> ... et *n'y eut* monastere, esglise ne convent ou le roy ne fit faire obseques .... (JP 17:22-23)
>
> Se *je l'ay tu seras* le plus riche du monde .... (R 47:1)
>
> ... quant *j'estoie* à marier, me suivoit de nuit où que *j'aloye* et grant paour me *faisoit*. (Q 154:11-13)
>
> Si *savons* bien que a nous n'est pas de vous pouoir recompancer .... (JP 13:17-18)

Tu and vous. In the fourteenth and fifteenth centuries *tu* and *vous* (singular) were used interchangeably. Some writers were apparently indifferent; others would show a preference for one of the two forms but with no distinction made in their use.[1] Henri de Mondeville and one of the authors in the *Recueil* regularly addressed the reader as *tu*. In *Fouke Fitz Warin* and *Bérinus* both *tu* and *vous* were applied in the same sentence to the same person. The old women of the *Quenouilles*, though

---

[1] The author of *Jehan de Paris* used *vous* exclusively.

obviously friends and neighbors of long standing, called each other *vous*, while in the same book animals were addressed as *tu*.

> ... ausi *poés* [the young surgeon] ymaginer de l'estat du cors. (CHM 399)
>
> ... Daun vyleyn, fet le roy, *avéz veu* nul cerf ou bisse passer par ycy? (FFW 68:30)
>
> *Tes tey* [child], fet ele, poy *resembles tu* ton pere q'est si hardy e si fort, e *vous estes* coward e tous jours *serréz*. (FFW 14:15-17)
>
> ... *tu* [Prince] *doies* savoir les peuples gouverner .... (E 1b)
>
> Et li varlés, tantost qu'il approucha, lui dist: "Cleopatras, *fay* bonne chiere, car je *t'*apporte bonnes nouvelles ...." "Madamoiselle, je *vous* dy certainement qu'il est ainsi." (B 194)
>
> Car *vous* [lady] *m'avez fait* plus riche d'un roy .... (AD 283:15)
>
> Dya, voisine, et comment *vous voz huvastes* hier soir! (Q 71: 11-13)
>
> Hé! Thibée, loyalle suer compaigne, qui puelt avoir mise ceste distencion entre *vous* et moy? Comment pourrai ge vivre ne durer sans *vous*? (R 47:23-25)
>
> ... cheval, aussi vray que meschine de prestre est cheval au dyable, *tu vueilles* souffrir que je monte sur *toy*. (Q 90:5-7)
>
> Or donc, ma mye, et je m'y consens, et *vous* prometz espouser le matin, au plaisir de Dieu et de vous amys. (JP 86:8-10)

Number

In general, the verb agreed in number with its subject; that is, a singular subject required a singular form of the verb; a plural subject, a plural verb form. But in the third person, deviations occurred in the Middle French period. Frequently a compound subject is found with a singular verb.

> ... se *la teste et le visage* d'unne *est* escorchiee .... (CHM 1858)
>
> ... si comme *dit Tederic et Serapion* .... (CHM 1420)
>
> ... e yleqe *fust sire Morys e ces quinze chevalers e les quatre fitz* Gwy fitz Candelou de Porkyntone *ocys* .... (FFW 45:26-29)
>
> ... car *venjance et punicion est* le jugement de juste et de injuste. (E 102d)
>
> ... mais aujourdui *est joye et courtoisie* si perie et destruitte .... (B 1)
>
> ... tant *fust* saiges *le maistre ne le disciple* .... (AD 272:17-18)
>
> Et quant *les naves et secours fust venu,* trouverent que tout estoit perdu. (S 190:903-04)

On the other hand, a collective noun (plural in the mind of

the writer) could be followed by a plural form of the verb. Both singular and plural forms of the verb are found with nouns connected by *ou*.

> ...je trouvay que *ceste gent tenoient* grant plait d'un jeu qu'il avoient fait.... (B 95)
>
> ...j'ay esté a Seguonye, ou j'ay trouvé grant *peuple* devant, *qui tiennent* la ville assiegee.... (JP 7:18-19)
>
> La .2. riulle: se *le membre ou le cors soient* discrasiés.... (CHM 1329)
>
> Quant *pos ou porée boulent* ou pot.... (Q 117:10)
>
> ...de laquelle masse *sera* formé *l'enfant ou la beste*.... (E 22a*)
>
> Et quant il advient que *le seigneur ou dame employe* son temps en deshonnestes choses.... (S 7:16-17)

Mood

In Middle, as in Old French, there were five moods of the verb: indicative, subjunctive, conditional, imperative, and infinitive. The infinitive was and is an impersonal mood. In a consideration of the first three personal moods little need be said of the indicative until we note each tense, as it is the mood of positiveness. The conditional and subjunctive in the Middle French period were closely related, the subjunctive being more nearly a true conditional than it is today. In Modern French the subjunctive in subordinate clauses has in most cases lost its conditional aura; many times a form of the subjunctive is found in an indicative mood. The subjunctive in principal clauses is rare today, the few instances which occur being found in fixed expressions surviving from Old and Middle French. Middle French writers, like their predecessors, did not try to avoid the subjunctive; they liked it.

The Subjunctive Mood

Uses of the subjunctive. In subordinate clauses the subjunctive was employed under the following conditions:

1. After impersonal constructions implying uncertainty, necessity, etc.

> *Il convient* que le mire *soit* acoustumé egaument de mors de chien ne mie enragié et de l'enragié.... (CHM 1801)
>
> Mais *il puet estre* que un homme *ait* vertuz et *se dorme* et que il ne *oeuvre* jamais en sa vie selon celles vertuz. (E 6a)
>
> Mais *il n'est pas possible* que un homme *face* operacion de vertu

et que il ne *face* bien; car *il est necessité* se il fait oeuvre de vertu que il *face* bien. (E 12c)

... mais *il faut* que chascun *ait* 4 quartiers. (R 17:21-22)

... de quoy *il n'est mie besoing* que j'en *face* mention. (B 265)

Et qu'*il appere* qu'elles *ayent* raison.... (Q 93:25)

... *il convendra* que je *rende* ce chastel au conte et qu'il *soit* seigneur dessur nous. (B 535)

... et ainsi *semble* que nous *aions* deffault de lettres selon mesmes les Hebrieux.... (AD 278:7-8)

Que vous *plaist il*, sire, qu'on leur *die*? (JP 45:25-26)

Il avient que and *il s'ensuit que* were usually, but not always, followed in the subordinate clause by the indicative. As a rule, impersonal constructions, when made personal by an indirect object, also took the indicative (e.g., *il m'est avis que*, which generally required the subjunctive in Old French); however, *il me semble, il m'est avis*, etc. could be followed by either indicative or subjunctive. The indicative followed expressions of certainty as in Modern French.

... et pour ce que *il avient* pluseurs fois que ceste maladie *est* faite de humeurs froides.... (CHM 1989)

Si *advint* que saint Germain *encontra* un povre en sa voie.... (B 510)

... *il avient* souvent que leurs maris *ont* acointe à part, et non pas les femmes. (Q 23:21-23)

Et se *il avient* que il *ait* exposé ses pecunes autrement ... il en avra tristece. (E 68d)

... car s'*il avenoit* qu'ilz *preissent* l'un l'autre à mariage, jamais n'auroit paix entr'eulx. (Q 58:22-24)

Donques *se ensuit il* que celle chose *est* simplement parfaicte qui est elisible pour elle.... (E 9a)

Dont *s'ensuit il* par l'auctorité dessus dite que c'*est* chose necessaire de connoistre la maladie en soi.... (CHM 1191)

... *il ne s'ensuit pas* pour ce, que il *soient* de diverses especes. (E 7a)

Certes *il m'est avis* que cest maniere d'ouvrer *puet* estre bien amendee.... (CHM 1138)

Seigneur, *il m'est advis* que Ganor mes filz *a laissé* ce royaume pour autre terre.... (B 202)

... *il m'est avis* qu'il n'*aient* encore nulle voulenté de laissier ce païs.... (B 89)

Mais *il me semble* que Ypocras *dit* le contraire en la .5. partie d'aufforime.... (CHM 2094)

"Sire," dist Hanibal, "respondez pour moy ce qu'*il vous semble* que ben *est* a mon proufit." (B 110)

...et *me semble* que la ville *est* assez forte a l'encontre d'eulx .... (JP 8:10-11)

Il me semble que ce *soit* le meilleur.... (B 509)

...mes *c'est pure verité* que [es] crans n'*a* nule difference.... (CHM 180)

...et *est certein* que chascun se *puet* courroucier et chascun puet donner et despendre argent.... (E 37d)

Il est manifeste par les choses devant determinees que chose juste *est* moienne entre .ii. choses.... (E 101b)

...*voir est* qu'il y *a* aucunes tresnotables parolles que je ne vueil pas laissier.... (S 61:1224-25)

2. After verbs expressing the will, a wish, a command, preference, necessity, permission, or prohibition.

...l'ouvrier doit *eschiver* que il ne la *faice* penetrante. (CHM 1003)

...et leur *priay* moult humblement qu'elles me *pardonnaissent* .... (Q 7:8-9)

...car je vous dy que le sire de ce païs leur *a enjoint* et *deffendu* que tort ne *facent* a nul homme.... (B 74)

Item, ilz ne *ont mestier* que l'un *face* pour l'autre mauvaises choses. (E 167a)

Alors il *commanda* a ses gens qu'ilz *couvreissent* leurs visaiges de leurs escus.... (S 51:900-01)

Si vous *prye* et *requier* que vous *commandiez* a Hanibal qu'il nous *face* raison.... (B 112)

...et il ne les povoit *reffraindre* par ses parolles qu'ilz ne *vaulsissent* combattre contre la force des Rommains.... (S 27:136-37)

Je leur *requis* qu'ilz me *baillassent* leur responce par escript.... (JP 8:5-6)

Ne ne doivent *souffrir* que il *viegne* au patient nule mauvese novele.... (CHM 557)

...et qu'il me mande par vous se il *vuelt* que je *voise* a lui.... (S 43:663-64)

...car ilz ne *souffroient*, par leur souvent rebeller, que nostre cité ... se *endormist* en oyseuseté et en paresse. (S 37:457-59)

Expressions of hope could be followed by either the subjunctive or indicative.

> ... ce *espoir* que il *ait* mestier d'aucun eslargissement .... (CHM 2190)
>
> ... ou *espoir* endementieres que il le *refusera* .... (CHM 2169)
>
> *J'espoir* qu'il *serra* prodhome e vaylant e *serra* vostre heir, sy yl vous survist .... (FFW 18:3-4)
>
> ... car *je espoir* que vous *estes venus* en ce païs pour marchander .... (B 155)
>
> ... *avoir esperance* que la verité en *feust* sceüe. (B 434)
>
> ... *esperant* que le matin on *poursieurroit* la victoire. (S 192: 978)

3. After locutions expressing doubt, disbelief, suspicion, and denial.

> ... et l'autre *ne cuide pas* que ce *soit* bien. (E 149d)
>
> ... *je n'estoie pas asseür* que nous *deüssions* trouver si bon hostel. (B 511)
>
> Sire, *cuidez vous* que ce *soit* bourde? (S 107C:7-8)
>
> Le .1. est, se l'en *doute* que la char des poins *soit* rompue devant l'incarnation. (CHM 744)
>
> ... *je ne dis mie* que le prince *doye* morir de faing, de soif, de froit ne de chault .... (S 17:336-37)
>
> ... mais *estoit souspeçonné* qu'il ne *fust* pas bien loyal .... (S 28:169-70)

Verbs of thinking and believing were frequently followed by the subjunctive in affirmative statements.

> ... car *il croira* que il n'i *soient* pas venus sans cause. (CHM 2216)
>
> Et d'autre part *je cuide* qu'il *soit* aujourduy autant de bien entendans ou mestier .... (B 1)
>
> ... *nous suposon* que ele *soit* procuree selonc la doctrine Thederic et la nostre .... (CHM 1204)
>
> ... *cuida* tout de voir que le grant lion l'*eust* devorée. (R 48:16-17)
>
> *Je croy* qu'il *face* sa neufvaine à quelque sainct. (Q 71:19-20)

4. After expressions of fear.

> ... et *il se doute* que endementieres autres cyrurgiens ne *soient* apelés .... (CHM 2244)

> ... car *il craint* que il ne li *mespreigne* en toutes choses. (E 55d)
>
> Quant *on craint* que son chien ne *soit* mors de chien enragié . . . . (Q 43:1-2)
>
> ... Livius, pour le combattre et envaïr, *ot grant paour* qu'il ne *fust* pas assez fort pour battaille soustenir. (S 42:631-32)
>
> ... le quel en doute a traire *pour paour que* sanc n'*ise* trop du lieu . . . . (CHM 684)

5. After a superlative followed by an adjectival or adverbial clause. In Modern French the subjunctive is employed after a superlative or its equivalent. In early Middle French one finds the indicative in such clauses; but toward the end of the fourteenth century the modern tendency had gained a foothold. Yet the indicative remained as the preferred mood throughout the fifteenth century.

> Le vin doit estre *le meilleur* que l'en *puet* trouver . . . . (CHM 775)
>
> ... cesti duc avoit une file, *la plus bele pucele* qe um *savoit* en le regne de Yberye . . . . (FFW 64:14-15)
>
> ... il avoit mandé sergens en la ville, *des plus grans bareteurs* qui y *estoient* . . . . (B 53)
>
> ... Venus est *la plus bele et la plus clere* qui *soit* ou ciel. (E 92a*)
>
> ... tu seras roys et elle royne *du plus riche pays* que l'en *sache* en tout le monde . . . . (B 171)
>
> ... et est *la plus longue forme* qu'il *doye* avoir . . . . (AD 281:19)
>
> Or est il vray que *le plus noble tresor* qui *soit* au monde c'est la toison d'or . . . . (R 41:25-26)
>
> ... et m'en acquiteray *au mieulx* que *porray*. (Q 86:21-22)
>
> ... qui maine *le plus beau et haultain train* que oncques homme *mena* . . . . (JP 46:13-14)

6. After an indefinite antecedent. Throughout the period, the subjunctive was used in an adjectival clause the antecedent of which was indefinite or sought for but unattained.

> ... je n'en trouvai *nul* qui me *feist* satiffacion de ma demande. (CHM 1884)
>
> Sire, fet yl, n'y a *chevaler* en tot le mond qe je n'*osase* bien encontrer al chyval a pee, cors contre cors. (FFW 56:3-5)
>
> ... car oncques *homme* je ne vy qui tant me *pleüst*. (B 456)
>
> ... et se il y a *aucun ver coppé* qui *soit* de cinq piez, cellui qui vient après doit estre de dix. (AD 274:9-11)

... pryant a Dieu devottement que il me doinst avoir fait *chose* qui *soit* a vostre bon plaisir .... (S 3:24-25)

Se une cense a plenté de *brebis* qui *aient* pluiseurs aigneaux .... (Q 53:16-17)

Est il *homme* mortel qui *puisse* telle noblesse assembler? (JP 57:26-27)

7. After *garder que* and *que* ("lest").

... e *garder* le pont e le gué, *qe nul n'y passast.* (FFW 13:1-2)

... mais *gardez bien que vous me disiez* voir. (B 235)

... et *gardez bien qu'ilz ne soient* opprimez .... (JP 15:33)

... et *gardes que tu n'y arrestes* trop, car bien t'en pourroit mescheoir .... (B 76)

Ne vuilliez pas recevoir en cure les fés de mauveses maladies, que vos ne soiés nommés mauvès mires et *que* les envieux ou le commun ne *puissent* dire blasme de vous ... (CHM 22)

... et est celle eaue si merveilleuse que riens qui vive n'y puet atouchier, *que* lors ne *muire* de crüel mort .... (B 153)

... car aussi ne povoit il longuement demourer, *que* Hanibal ne l'*apperceust.* (S 44:690-91)

... affin aussi de les non perdre ne telement evanouyr *que* la memoire ne *puisse* estre fresche et recente .... (Q 3:18-20)

8. After certain conjunctions and conjunctive adverbs.

a. Conjunctions of purpose or result:
A ce que, pour ce que, que, par quoi (*Bérinus* only), and *afin que* (from mid-fourteenth century)—"in order that"

... pour moy mettre en unité, *a ce que* tousjours je *puisse* triumpher et vivre en paix .... (CE 308:6-7)

... *ad ce que* tous autres y *prenissent* exemple, pour eulx chastier, afin de ad ce ne venir pour espoir de recouvrer pardon. (S 105C: 8-9)

Et *pour ce que* chascun *puisse* trouver legierement en procès toutes les choses dont il a besoing, j'escriray devant chascun traitié ou doctrine tous les titres .... (CHM 28)

... *pour ce que* les hommes ne le *pregnent* à leur prouffit, je m'en tairay et parleray d'autre chose. (Q 89:17-19)

Or fay tost a mes enfans place, *que* bien *soient* il venu (B 87)

Mais or me contez, se vous savez, comment les paroles sont alees de vous et de ceulx a qui vous avez a faire, *par quoy* je *soye* mieulx infourmé de voz besongnes .... (B 73)

Item, aucuns appetent et desirent estre honorés des bons qui sont vertueus et sachans *afin que* la propre opinion que il ont de eulz meïsmes *soit* affermee et confermee. (E 166b)

... *afin que* ilz *saichent* congnoistre les façons et couples des lais .... (AD 272:23-24)

... *a la fin que* ses anemis les *peussent* veoir et oïr .... (S 58:1143)

... deussiez faire porter ung pont pour faire passer a voz gens les rivieres *affin qu*'ilz ne *noyassent*. (JP 48:4-6)

Issi que, si que—"so that"; *a tel fin que; comment que; en telle maniere que* (sometimes)

... *issi qe* le roy, quant trovee son cors, ne *sache* qui yl fust. (FFW 72:15-16)

... Eglise universele a touz, *si que* je n'aye que un seul et vray espoux .... (CE 307:11-12)

Et après ce ne tarda guaires, *comment qu*'il *fust*, que il morust audit royaume de Castelle. (S 183:668-69)

... car elle devee et restraint la jambe *a tel fin que* le flus des choses flusibles ne *courge* en cel lieu .... (CHM 1599)

Item, il appartient au liberal superhabonder fortment quant a donner, *en tele maniere que* il *retiengne* le moins pour soy .... (E 67d)

b. Conjunctions of condition and assumption:
   Supposé que, posé que, mais que, pourveu que, and *que*

... *supposé* ore *qu*'il *n'eust* pas la voix habile pour chanter .... (AD 270:4-6)

Et gardent que les choses de quoy il se ventent, *posé que* elles ne *soient* pas vraies .... (E 85d)

... aussi comme il est cause et pere de ses enfans; *mes que* il en *soit* cause .... (E 49b)

... si ne vous laisseray, *mais que* je ne vous *desplaise*, jusques a la ville. (JP 11:31-32)

Pource je suis de vostre oppinion, *pourveu* toutesfoiz *que* au plus hault estat que faire ce pourra vous y *alliez* .... (JP 25:1-3)

... jamais de là ne se porra lever *qu*'il ne *soit* cler jour .... (Q 37:6-7)

c. Conjunctions of time:
   Ains que, ainçois que (enciez que), devant que,

avant que—"before," and *après que*—"after"

Although *ains que, ainçois que, devant que,* and *avant que* appeared throughout the period, by the fifteenth century *avant que* was the preferred form. In the *Salade,* for example, *avant que* occurred twice as many times as *ainçois que,* its nearest competitor. *Devant que* and *après que* could take either subjunctive or indicative.

> Mes, *eynz qu'*il *tornasent* a la foreste, meint bon chevaler, esquiers e serjantz furent detrenchéz. (FFW 39:4-6)
>
> ... je revenray *ains que* li cos *aient* chanté .... (B 83)
>
> Mais *ains que* le dieu d'amours *receust* son ame.... (R 42:29-30)
>
> ... il vuet savoir tous les plaidiers, *ainçois que* l'en *voise* en jugement .... (B 75)
>
> Environ les signes du spasme, *enciez que* il *soit* entroduit en la plaie, .2. choses sont a entendre .... (CHM 1275)
>
> ... laquelle estoit que, *ainchoiz que* on *sacriffiast,* il convenoit laver le sacreffiement de l'yaue du Tybre .... (S 24:33-34)
>
> ... ne ne soit lessie l'ulcere estre close *devant que* toute la paour du venin *sera* boutee hors. (CHM 1783)
>
> ... et pour ce il ne doivent pas estre appliquiés au lieu, *devant que* il *soient* avant refrains o mitigatis. (CHM 1946)
>
> Jehanne la Sauvage dist que se aucun voit le loup *devant que* le loup le *voye,* il n'aura povoir de lui meffaire .... (Q 47:17-19)
>
> ... mais en tant comme il la prisoit *avant que* il la *eüst.* (E 179b)
>
> Et quant ilz furent es portes de metal, *avant qu'*ilz *entrassent* dedens, prierent le prestre de les actendre en celle place .... (S 83C:10-11)
>
> ... je, *après que* j'*eus* prises mes agoubilles, papier, plume, et enchre, me transportay ou lieu où le soir precedent avions assemblé .... (Q 85:7-10)
>
> Denis le Tirant, *apprès ce qu'*il *eust* prins pluiseurs fortresses en Sicile, vint devant la cité de Rege .... (S 59:1163-64)

Jusques a tant que, tant que, jusques a ce que (fifteenth century), *si la que* (FFW only)—"until"

Tant que usually required the subjunctive; *jusques a tant que* and *jusques a ce que,* subjunctive or indicative, regardless of the time of the action.

> ... et en metant dessus mondificatis de ners *jusques a tant que* souffisante mondification *soit* acquise. (CHM 1273)

Ainssy est il de la paix, *jusques atant qu*'elle *est* perdue. (S 10: 106-07)

... ne ja, se Dieu plaist, je ne retournay arriere *jusques a tant que* j'*aie* parlé au roy .... (B 309)

Et puis s'en partist et actendist a revenir, *jusques ad ce qu*'ilz *eussent* arriere semé les terres par tout le païs. (S 59:1157-59)

... l'angèle de Dieu s'y repose *jusques à ce qu*'on y *fait* ou pet ou vesse. (Q 51:2-4)

... si sui *tant que* tu la *puisses* trouver et entrer par dedens .... (B 76)

... je vous prie que vous vous levez, et vostre grief courroux vueillez ung peu refrener, *tant que* nous *sachons* la cause .... (JP 4:27-29)

... e, a ce fere, lessa ses sis chevalers ou eux en hostage *si la qe* la pes *fust* crié. (FFW 81:1-2)

d. Conjunctions of concession:

Ja soit ce que, combien que, comment que, ja fust ce que, neantmoins que, non obstant que

Et toutes voies, en telles choses n'est pas la fin ne la felicité civile, *ja soit ce que* pluseurs sermons et escriptures *aient* esté composes pour ce monstrer. (E 6b)

De laquelle madame Sanse, *jasoit que eust* enffans nul ne en demoura en vie. (S 175:398-99)

Et *combien que* mon pere m'*enchassast*, si ne me heoit il mie .... (B 425)

Et, au regard de moy, *combien que* je ne *soie* des plus jennes, si suiz-je à marier .... (Q 138:11-13)

... mais *comment que* la departie du corps *soit* faicte, mon cuer vous fera loial compaignie .... (B 486)

Et touteffois en dient il choses qui assez sont fortes a croire; *neantmoins que* en autres pars les *aye* ouy raconter .... (S 89C:4-6)

Et semblablement madicte dame, *ja fust ce que elle eust* par terre moult a souffrir .... (S 174:340-41)

Et *non obstant que* les dites manieres de dictier *soyent* bonnes et suffisantes, neantmoins pluseurs aultres manieres on porroit deviser .... (R 10:3-4)

e. *Sans ce que*

... quant il est tenté, la tente entre legierement sans doulour et *sans ce que* sanc *courge* de celui lieu .... (CHM 1928)

> ...il convienge parsuir teles delectacions *senz ce que* nulle en *doie* estre devee ou deffendue. (E 147c)
>
> Alors ledit roy d'Arragon courust ladicte cité en son nom, *sans que* nul *osast* bougier.... (S 196:1105-06)
>
> ...mettez-lui sur la teste, *sans ce qu'*elle le *sache*, du sel .... (Q 107:5-6)

f. *Fors que* and *sinon que*. Either the subjunctive or indicative followed these conjunctions.

> Es muscles lacertes, cordes, ners, cuir, nombre, position n'a point de difference, *fours que* la fourme de la cuisse *est* plus grosse que cele de l'adjutoire. (CHM 524)
>
> ...il n'a lors mestier *fors qu'*il *soit* gardé dormir et qu'il use de bon regimen .... (CHM 1776)
>
> ...et elle n'estudioit a l'autre lez, *fors qu'*elle se *peüst* delivrer de son fillastre par honneur .... (B 32)
>
> Je ne vous sçay autre chose que dire, *fors que* je *sui* tous a vostre commandement .... (B 247)
>
> ...il ne lui fault autre chose *sinon que* son mari lui *face* de son instrument naturel trois cercles environ le mal .... (Q 28:4-7)
>
> ...et n'y a de difference, *sinon que* les vers et mettres *sont* de dix et onze sillabes. (R 274:15-17)

9. Compound relative and indefinite clauses.

a. *Quel ... que* and *quelque ... que* took the subjunctive or indicative with no apparent differentiation.

> La laveure au propos puet estre ... du *quel* origan *que tu voudras* de calaman, de pouliol, de *queil* ambroise *qu'il te plest* .... (CHM 1562)
>
> ...la .10. preparation soit faite par la *quele* maniere *que ce soit* des manieres de preparer .... (CHM 1643)
>
> ...je iray, et tu remenras cy, *quelle* aventure *qu'il m'en doye* avenir .... (B 83)
>
> ...en *quelque* partie *que l'en veult* .... (CHM 2190)
>
> ...*quelque* belle maniere *qu'il aye*, il tient ung quartier de la lune .... (JP 47:5-6)
>
> ...en pastourelle ne en *quelque* taille *que ce soit* .... (R 48:29-30)
>
> ...et en *quelque* assemblée *qu'elle se trouvoit* .... (Q 58:1-2)

b. *Quel que, quoi que, quiconques ... que, quelconques ... que, qui que, où que,* etc.

> Donques convient il teles choses mesurer par une autre chose *quelle que elle soit*, si comme il est dit devant. (E 99d)
>
> ... devoirs et rentes, *quelz qu'ilz soient* .... (S 20:419)
>
> Et devés ci noter, *que que die* le commun de la diversité des os .... (CHM 180)
>
> ... mais il ne puet estre ne je ne puis croire, *quoy que* Cicero en *ait* dit .... (B 433)
>
> ... si n'est possible a nul de y monter, *quoy que l'en die*. (S 142C:5-6)
>
> ... en *quiconques* lieu *qu'eles soient* .... (CHM 934)
>
> Et quant il eschiet que *qui que soit* s'i entroublie .... (B 78)
>
> Sa femme convoitte que son mary prende en hayne *qui que soit* qu'elle n'aime pas .... (Q 141:10-11)
>
> Homme qui sa femme bat, pour *quelconque* cause *que ce soit* .... (Q 16:16-17)
>
> ... les autres averei je bien *ou qu'il seient* .... (FFW 74:6-7)
>
> Je vous dy pour Euvangile que nul qui veult gaignier au jeu de dez ne se doit jamais asseoir, pour jouer, son dos devers la lune, *où qu'elle soit* lors .... (Q 50:13-16)

10. *Comme.* When *comme* was the equivalent of the modern *puisque*, with the meaning "since," it was always followed by the subjunctive.

> Et *com* le lait *soit* le remaignant du norissement des mameles qui sont blanches, il doit estre blanc par necessité. (CHM 297)
>
> Et *comme il soit* ainsi que chose eslisible est conseillable et desirable .... (E 47c)
>
> ... et vraiement bien deveriez avoir ces choses fermées en vostre cuer, *comme* tous enfans *soyent* naturelment indignez et tenuz de vengier et mettre a fin l'injure et violence faicte a leur mere .... (CE 309:1-4)
>
> ... et leur fut demandé pour quoy ils avoient aydié les Voltes contre les Rommains, *comme* ilz *fussent* amis et compaignons des Rommains. (S 34:378-80)

11. Occasionally one finds the subjunctive used for no apparent reason. Such uses could be due to attraction, analogy, or carelessness.

> Ulcere parfonde soit liee en tel maniere ... jusques a tant que l'en voie que elle *soit* du toute en tout mondefiee. (CHM 1627)
>
> ... se il set que il en *viegne* bien, il retourne .... (CHM 2248)

THE VERB 103

... c'est inconvenient de dire que les choses *soient* involuntaires
.... (E 43a)

Et pour ce que vous sachiez que ce *soit* veritez .... (B 98)

Touteffoiz Claudius fut a la paix requerant, dont *fust* par le senat moult loé .... (S 41:594-95)

The subjunctive was common in main clauses to express an imperative in the third person. We have today some stereotyped expressions which have survived (cf. *sauve qui peut, vive le roi*); but in the modern language *que* normally precedes the third person imperative, giving the impression of a subordinate clause (*Qu'il vienne*). This *que* was rarely written in the Middle French period.

Ulcerations ne *soient* pas curees, se elles ne sont enchiés espurgies et deschies de leur ordures .... (CHM 1504)

Bel fitz, fet il, beneit *seyt* le temps qe je vous unqe nory ....
(FFW 15:21-22)

... or ne vous *desplaise* se noz armeüres nous n'ostons .... (B 312)

Que l'eure *soit* maldicte que vostre compaignon arriva oncques en ce païs! (B 339)

Laquelle chose me *soit* pardonee! (S 205:1411)

Vous *sauve* Dieux et sainte Bride! (Q 53:6)

... Dieu vous *maintiengne* et toute vostre belle et noble compaignie. (JP 75:17-18)

Qu'on en *ait* froide joye! (Q 79:2)

The pleonastic ne. Since the pleonastic *ne* was used almost exclusively with a verb in the subjunctive mood, we shall list here the expressions after which it was commonly found.

Douter ("to fear"), *craindre, pour peur que*

... *je doubte* que l'ire et la vengence de Dieu ... *ne* viengne et descende briefment par dessus vous et que voz seignouries et monarchies *ne* soient transportées en autres voz ennemis ....
(CE 309:7-14)

... si eut grant *doubtance* qu'il *ne* perdist .... (B 110)

... *il se doubta* qu'il *ne* fust pugny de cest desconffiture. (S 33:339)

... le quel en doute a traire *pour paour* sanc *n*'ise trop du lieu
.... (CHM 684)

... car *il craint* que il *ne* li mespriegne en toutes choses. (E 55d)

Quant *on craint* que son chien *ne* soit mors .... (Q 43:1)

Moins que, plus que, and other comparatives (followed by the indicative)

...il aroit *mains* de peril a les ramener ... *que* il *n*'aroit a les traire .... (CHM 160)

...et est ceste vertu en *mendres* honneurs *que n*'est magnanimité. (E 34b)

Et *plus* souvent y perdoit *qu*'il *n*'y gaingnoit .... (B 15)

...dont li mondes est *mieux* destruit *que ne* fut Troye. (R 45:4-5)

Et aincoires, qui pis est, les alleguent *plus* par derrison et en mocquerie *qu*'ilz *ne* font par affection .... (Q 1:8-10)

Empescher, deffendre, eschiver, refraindre

Et est si clere qu'el *n*'*enpeesche* pas que les especes dehors des choses visibles *ne* soient presentees par li a l'umour albugineuse. (CHM 224)

Le Pape manda incontinant desrompre l'entree de celle cave et *empescher* que jamais homme *n*'y peust retourner, et *deffendre* par grans ediz que nul jamais plus *n*'y entrast. (S 110C:10-12)

...le sire de ce païs leur *a enjoint et deffendu* que tort *ne* facent a nul homme .... (B 74)

...l'ouvrier doit *eschiver* que il *ne* la faice penetrante. (CHM 1003)

...et il ne les povoit *reffraindre* par ses parolles qu'ilz *ne* vaulsissent combattre contre la force des Rommains .... (S 27:136-37)

Que ("lest"), *a pou que*

Ne vuilliez pas recevoir en cure les fés de mauveses maladies, *que* vos *ne* soiés nommés mauvès mires et *que* les envieux ou le commun *ne* puissent dire blasme de vous .... (CHM 22)

...ils ne porent avoir remede ... *que* l'image *ne* revenist .... (B 439)

...lors je me retray *qu*'ilz *ne* me veissent .... (S 152C:12-13)

Joce l'assaut egrement e *a poy qu*'il *ne* le ust pris .... (FFW 14:2)

Lors ot Famius telle destresse que *a pou que* le cuer *ne* lui fendi .... (B 17)

Mais *a pou que* grant noise *ne* saillit des deux autres naives a la nostre .... (S 156C:5-6)

Avant que was never followed by the pleonastic *ne*.

.3. utilités sont pour quoi ces ners obtiques sont conjoins *avant qu'il viegnent* a la dure mere ne au cran, et *avant qu'il aperent* dedens l'orbite des yex. (CHM 218)

... il ly vodreynt soffryr sifler une note *avaunt qu'il morust,* e yl ly granterent. (FFW 21:17-19)

... mais je vous prie tout *avant que vous me faciez* cy venir tous ceulx par qui ceste chose est esmeüe .... (B 532)

... il fault comprandre et avoit en ymaginacion de leur pensée toute la fourme et la perfection d'un chastel, d'une maison, d'un grant vaissel et des circonstances, *avant que il soit commencé* .... (AD 267:20-23)

Et quant ilz furent es portes de metal, *avant qu'ilz entrassent* dedens, prierent le prestre de les actendre en celle place .... (S 83C:10-11)

Quant un enfant est né, *avant qu'il soit baptisié,* gardez-vous de le mettre premierement ne porter sur vostre bras senestre .... (Q 64:7-9)

The Conditional Mood

Contrary to fact and simple conditions. We have mentioned that in Old French the imperfect subjunctive was almost synonymous with the conditional indicative, especially in contrary-to-fact conditions. In Middle French this was true to a certain extent, but use of the conditional indicative had become more frequent from the beginning of the fourteenth century. A count of 34 occurrences in our earliest text, the *Cyrurgie,* reveals the fact that in 21 instances the conditional was used in the main clause followed by (or following) the imperfect indicative in the "if" clause. There were 5 cases of the imperfect subjunctive in both clauses; 6 cases of the imperfect subjunctive in the "if" clause and the conditional indicative in the result clause; and 2 occurrences of the subjunctive in the result clause with the imperfect indicative in the "if" clause.

Indicative in both clauses:

... *s'il estoit* dur, *il bleceroit; s'il estoit* mol, *il seroit* blecié; *s'il estoit* moien entre dur et mol, *il bleceroit* et *seroit* blecié. (CHM 184)

Sire, fet ele, le dragoun est fier e fort, e *portereyt* un chevaler armee en ces mountz *s'il ly poeit* prendre en ces powees .... (FFW 65:20-22)

Item, *se aucun* faisoit injuste a soy meïsme, *il s'ensivroit* que il souffrist injuste ly voulant. (E 114b)

... si *seroit* grant dolour *s'il mouroit* ainsi. (B 422)

... et *se il le savoit* mieulz dire, devons pensser qu'*il le diroit* .... (S 12:174-75)

Ceste rigle est sans aucune faulte mais que la guerre ne soit contre sa femme, car, *s'il la voloit* batre, *il le perderoit*. (Q 65:6-8)

... mais *se il ne se disoit* a nous, ce nous *seroit* une grande mesprison .... (JP 40:5-7)

Imperfect (or pluperfect) subjunctive in both clauses:

... car *s'il fust par* dedens, *il empeechast* le touchement. (CHM 121)

Amys borgeis, mout estes fort e vaylant, e, *si vous ne usséz esté*, *je usse esté* pieça mortz. (FFW 15:13-15)

... mais *se il eüst esté* bien advisez ... *il n'eüst pas emprins* le jeu. (B 53)

... vous, mes enfans et ministres, qui *deussiez* garder et deffendre vostre povre mere ... *se vous voulsissiez* garder sainctement et honnestement .... (CE 304:12-16)

Et si bien *eusse voulu,* sans grant dangier de ma personne *je n'eusse peu.* (S 79C:6-7)

... *si l'on m'eust dit* que c'eust esté le roy de France, *je ne m'en fusse pas* fort esmerveillé. (JP 57:28-30)

Combinations of subjunctive and indicative:

... *s'el fust* grosse, *el bleçast* les humours; *s'elle fust* subtille, *el ne souffiroit pas* a leur deffense, et otout ce elle seroit bleciee; *s'el estoit* moiane, *ele bleceroit* et *seroit* blecie. (CHM 220)

... *s'il ne fust* pur la novele qu'il aveit porté, *yl ly freit* estre decollé meintenant. (FFW 45:3-4)

... car autrement *se ce estoit* voirs que le commun dit, *il nous venist* miex .... (CHM 1988)

... dont par ce pourveut il[z] que, *se ilz se voulloient* rebeller, *ne peussent* .... (S 58:1129)

Dont, *si* ceste chose *eust esté* vraie, *elle seroit* destaintte et anullee comme les autres sont. (S 125C:4-5)

... pour le commandement du pere, car *il le maldist se il ne l'occioit.* (E 40c*)

... qui *estoient demourez* derriere pour secorir Jehan de Paris *s'il en eust eu* necessité. (JP 67:1-2)

Occasionally *se* was understood but not expressed in contrary to fact conditions when one of the propositions was introduced by *et*. In that case *et* had the meaning of "even if" and was followed by the imperfect or pluperfect subjunctive.

Et pleust a Dieu qu'il feust en vie, *et il m'eust cousté* cinq duquas! (S 148C:3-4)

In simple conditions the subjunctive was frequently employed in the "if" clause. In the *Cyrurgie,* the subjunctive occurred 25 times in 47 sentences and was always followed by the present indicative or the imperative. One seldom sees the subjunctive in the "if" clause when the result clause is in the future indicative. The use of the subjunctive in simple conditions gradually diminished until in the fifteenth century it had become rare.

> *Se ulcere ancianne ne puisse* estre autrement curee, chose profitable *est* fere nouvele ulcere jouste icele . . . . (CHM 1531)
>
> *Se la plaie soit* estroite, *soit* eslargie; *se ele est* close, *soit* ouverte. (CHM 1783)
>
> . . . aléz vous ent, quar, *si le dragoun* de seynz *vienge,* ja mes *n'eschaperéz.* (FFW 65:16-17)
>
> . . . *se une personne mengue* d'une beste que le loup aura estranglé . . . à grant paine *puet* icelle personne rendre ame se le loup n'estoit premierement mort. (Q 77:12-17)

Nevertheless, in the majority of instances both clauses in simple conditions were in the indicative mood.

> Tu qui es sage en l'art de medecine, *seras* vergoingnié, *se sincope survient* a ton pacient. (CHM 1433)
>
> Et *se les costes sont* froissies, *l'en doit* recourre a la cure qui est enseigniee ou chapistre des froisseures. (CHM 1420)
>
> . . . *se vous nous forjugiez* de riens, *nous le sarons* bien entendre. (B 103)
>
> . . . et *se il y a* aucun ver coppé qui soit de cinq piez, cellui qui vient après *doit* estre de dix. (AD 274:9-11)
>
> Et *se il a* honte de ce faire, *il peche* mortelement . . . . (S 237:39)
>
> *Se quelque personne merchande* à une aultre en tournant le dos à la lune, certes jà ne lui prouffitera le marchié. (Q 131:5-7)

In a series of "if" clauses, when the first clause was introduced by *se* ("if") which was replaced by *que* (or omitted) in the succeeding clause or clauses, the subjunctive was regularly employed in those clauses. Exceptions are rare.

> Mes *se la plaie n'est* aparellie freschement, ou *que l'en oublie* aucunes des .8. dessus dites, ou *que aucun cas la aviengne,* ou aucune cause par autre maniere, ou *s'ele est* aparellie par autre maniere que par la nostre, selonc la maniere des anciens, ou *se elle demeure* longement, avant que elle soit aparellie . . . . (CHM 792)
>
> . . . et *se eles font* putrefaction, et *eles ne soient* tantost mondefiees, eles causent spasme de inanition par la maniere desus dite. (CHM 1268)

> ... *se jamaiz nous pouyons* retrouver ne veoir l'un l'autre, ou *que nous voulsissions* mander aucunes besoingnes l'un a l'autre, que ce **feust l'enseigne plus certaine.** (B 429)
>
> Car *se un homme gisoit* avecques la femme d'un autre et *sceüst* bien de qui la femme est ... tel homme fait chose injuste. (E 102b)
>
> Car *se un a* esté navré et l'autre le *ait* navré, ou *se un a* ocis et l'autre *soit* mort, tele accion et tele passion sont divisees par inequalité. (E 96d)
>
> ... en eulx suppliant, que *se aucune chose y a* faicte moins suffisanment, ou *que j'aye* pechié contre l'art en aucune maniere, ilz me vueillent ce pardonner .... (AD 292:3-5)
>
> ... *se la chausse* d'une femme ou fille *se desloie* emmy la rue et *qu'elle le perde*, c'est signe et n'y a jamais faulte que son mari ou amy ne se desvoye. (Q 27:13-16)

When the *que* was omitted in the second clause, one occasionally finds the indicative, especially a past tense.

> ... *se plaie estoit* de hors en la char et ou cran, et porreture de ce *cheoit* sous le cran .... (CHM 183)
>
> ... mais, *se le plus beau* de tous autres *m'avoit prié* et en *eust acquis* quelque ottroy, et *il deffailloit* de sa promesse, jamais à temps n'y revendroit. (Q 157:21-25)

Aussi (ainsi) comme se, ainsi que se, and *comme se* were followed by either subjunctive or indicative throughout the period, with the subjunctive predominating.

> Et se chifre est mise o aucune de ces figures vers destre, el en comberra le lieu, *ausi com s'il eust* figure .... (CHM 35)
>
> Dont furent les liz faiz *aussi bien comme se ilz feussent* roys .... (B 516)
>
> ... *ainsi comme se on vouloit* dire "hannequin" ou "hannote," qui sanz ladicte "h" n'aroit pas son plain son .... (AD 273:17-18)
>
> ... ilz preissent armes et chevaulz, le mieulx et les meilleurs qu'ilz porroient trouver, *ainssi que s'il les vaulsist* mener avec lui pour expugner Cartaige. (S 25:81-83)
>
> Maroie Ployarde dist sur ce chappitre que cellui qui bat sa femme fait autel pechié *comme s'il se voloit* soy mesmes desesperer .... (Q 16:21-23, 17:1)
>
> ... car soudainement il se frappa en la cité assise *ainssy comme se il craingnist* les menaces, les injures et les bactemens de son pere .... (S 37:484-85)

The Imperative Mood

The imperative was expressed in Middle French as it is in

Modern French. The true imperative, i.e., in the second person, had its own forms. To express a command in other persons, with the exception of the first person plural, the present subjunctive was employed but it was not ordinarily preceded by *que*. The first person plural was formed from the present indicative, and as with the second persons, the subject was not expressed when the subject was a pronoun.

> Les choses dessus dites faites, *fai* scarification sus le lieu et sus les partiez adjacentes . . . . (CHM 1775)
>
> . . . *remembre toy* que tu doies savoir les peuples gouverner . . . . (E 1b)
>
> *Sache* pour certain que tel nom aura son mari. (Q 18:5-6)
>
> Si *laisse* ton dueil et ne t'esmaye, car tu avras bon aide . . . . (B 73)
>
> Et celui qui deffaut *soit* apellé inirascible, c'est a dire, trop mol et qui ne se courrouce pas quant temps et lieu en est. (E 34d)
>
> Chascun *se mette* en son esquiere! (S 56:1081-82)
>
> . . . Dieu vous *maintienge* et toute vostre belle et noble compaignie. (JP 75:17-18)
>
> *Que* l'eure *soit* maldicte que vostre compaignon arriva oncques en ce païs! (B 339)
>
> *Qu'*on en *ait* froide joye! (Q 79:2)
>
> Ore *lessum* de Fouke e *parloms* de dame Mahaud de Caus. (FFW 53:17-18)
>
> Or, *faisons* tous comme luy! (S 57:1110)
>
> Pour Dieu, beaux amiz, *laissiez* nous la hors yssir . . . . (B 518)
>
> *Attendez* moy a la fontaine au franc morier . . . . (R 47:32-33)
>
> . . . puis après Phelippes, Charlles et Robers, les quiex tous *puissent* vivre par lonc aage o fortune beneuré . . . . (CHM 2)
>
> . . . si *soient* ceulx de l'ostel prins et arrestez et les *face* l'on contraindre. (B 433)
>
> Aultrement, *sachent* tous que: Beste trop chargee oncques ne fist bonne journee. (S 20:449, 21:450)

Only on rare occasions have we found instances in which the subject pronoun was written in the true imperative.

> Damoiselle, *vous soiez* la tres bien venue . . . . (B 351)
>
> "Dame," dist Aigres, "et *vous aiez* tres bonne aventure." (B 524)
>
> *Vous soyez* le tresbien venu en vostre mesme terre. (JP 73:27-28)

The Infinitive

Besides its normal use as an infinitive, the infinitive could be used as a substantive, often modified by the article or an adjective; as subject or object of the verb; predicate nominative; or object of a preposition.

> ...dont *grant encombrer* nous avynt. (FFW 6:5)
>
> ...e donqes prit congié del duc, qe molt fust dolent pur *le departyr*. (FFW 67:19-20)
>
> ...celui qui ensuit ses passions ou *desiriers* orroit de ceste science en vain et senz proffit.... (E 4b)
>
> *En commun parler* nous assignon sapience es ars a ceuls qui sont les tres plus certains selon telz ars.... (E 121b)
>
> Frere, or ne vous esmaiez et laissiez *vostre dementer*.... (B 470)
>
> ...et avant *le commencier* de la bataille, les confforter de la victoire sur leurs anemis.... (S 244:53-54)
>
> ...mais trop tart fut *le repentir*. (S 110C:9-10)
>
> ...car *grant vouloir* avoient que le roy y allast. (JP 8:17)
>
> Moult me fut bel quant dame Ysengrine mist fin *à son parler*.... (Q 28:22-23)

When the infinitive was used as a noun, it generally appeared in the singular. However, such locutions as *les vivres* and *les avoirs* occurred in the plural.

> ...ainsi comme les messages sceurent par les pastours qui sur le mont gardoient *les avoirs*.... (S 108C:11, 109C:1)
>
> ...et fournis de *vivres* a planté, et a chascun repas il en envoyoit au roy d'Angleterre.... (JP 37:19-20)

The infinitive could be used after *en* and *par* as well as after prepositions that take the infinitive today.

> Et d'autre part, il y eschiet trop grant dommage *en refuser* tel seignorie et telle noblesce.... (B 172)
>
> ...il n'en sera si luffres ne gourmant à table, *en boire* et *en mengier*.... (Q 21:23, 22:1-2)
>
> Dame Abonde du Four dist que, *par ruer* au visage de la femme qui porte enfant aucunes cerises, frezes ou vin vermeil, l'enfant en apportera sur soy aucune enseigne. (Q 24:8-12)

Ellipsis of the infinitive. If an infinitive following a modal auxiliary was a repetition in meaning of an immediately preceding verb, it was not necessary to express the infinitive, even though it might have an object.

> Les quantités sous escriptes sans moien des medecines que l'en donne par la bouche, l'en *les doit* seulement a ceux qui sont entre

.23. ans et .40. ou environ . . . . (CHM 1755)

. . . si demena si grant duel qe home ne *poeit* greynour. (FFW 51:17-18)

. . . mais nous l'actribuon as bons pour ce que nous ne *povon* mieulx. (E 76a*)

Encor est Dieux ou il *souloit*. (AD 279:4)

. . . et feissent aussy le plus grant tumulte de noize et de cris qu'ilz *porroient*. (S 57:1107)

The Tenses

It will not be necessary to discuss at any length the tenses of the subjunctive. It is sufficient to say that the two simple tenses were the present and the imperfect; the two compound tenses, the perfect and pluperfect. The sequence of tenses was the same as it is today in formal writing: if the main clause is in the present or future, the verb in the subordinate clause is in the present subjunctive. If the verb in the principal clause is in any other tense, the verb in the subordinate clause will be in the imperfect subjunctive. These principles apply to the auxiliary verbs in compound tenses.

. . . quar il est necessaires que l'un membre *se mueve* sans l'autre . . . . (CHM 62)

. . . et ainsi *semble* que nous *aions* deffault de lettres selon mesmes les Hebrieux . . . . (AD 278:7-8)

. . . Hanibal vous *requiert* que vous le *conseilliez* . . . . (S 33:347)

Le roy pur le present ly *comaunda* qu'il ly *baysast*. (FFW 71:17-18)

. . . car s'il *avenoit* qu'ilz *preissent* l'un l'autre à mariage, jamais n'auroit paix entr'eulx. (Q 58:22-24)

Et pour ce, *sembleroit* il miex que aucunes des choses devant dites *fussent* le bien humain final . . . . (E 6b)

. . . il *vault* bien que l'on y *aille* devers luy . . . . (JP 71:19-20)

. . . ains *convendra* que vous *rendiés* a Martain son avoir. (B 65)

Si *croyrois* je plus tost que ce *fussent* esperitz que corps mortelz. (JP 30:3-4)

. . . combien˚ que il *priast*, a chascune plaie venant, a Moyse, sergent de Dieu, qu'il la *feist* cesser . . . . (CE 300:4-5)

. . . et en la fin il *convint* que elle *donnast* pleges de faire droit. (B 114)

. . . par quoy *sembla* qu'il ne la *vaulsist* pas assiegier. (S 59:1157)

... il *a convenu* que six femmes *aient esté* empeschiez de faire cestui euvre. (Q 4:8-10)

The present tense. The time of the present was expressed in the fourteenth and fifteenth centuries chiefly by the present indicative; but sometimes, especially early in the period, one finds a progressive tense made up of the present of the verb *estre* plus the present participle.[2]

... tout aussi comme Dieu ne secourt pas ceux qui l'*ont* en desdaing. (CHM 16)

En le temps de averyl e may, quant les prees e les herbes *reverdissent* e chescune choses vivaunte recovre vertue, beauté e force, les mountz e les valeys *retentissent* des douce chauntz des oseylouns . . . . (FFW 1:1-5)

... je vous *fais* de l'annuy assez; mais aultrement je ne *puis*. (S 167:103-04)

Quant on *oit* chiens uller, on *doit* estoupper ses oreilles . . . . (Q 49:18-19)

... et le venin qui *est issant* de l'ulcere e[s]t rouge . . . . (CHM 1557)

... e pour ce soit delaissié a l'experience et a l'ordenance de cil qui *est ouvrant* en ce. (CHM 663)

Tes tey, maveys, fet le roy, touz jours *estes conteckaunt*. (FFW 30:15-16)

... mais quant les pechans *sont estans* ignorans pour aucune passion qui n'est pas naturele ne humaine, tels pechiés ne sont pas venialx ne a pardonner. (E 107a)

... se vous n'*estes* ces choses briefment *considerans*. (CE 305: 16-17)

The past tenses. The past tenses of the indicative were the preterite, the imperfect, the past progressive, and the compound tenses. On the whole, each tense had a well-defined use.

The preterite. The preterite denoted a simple action in the past and, except for the occasional use of the present, was the only tense employed in this capacity. It was used in conversation as well as in narration.

... il *feri* le pavement, et tantost cil homme fu mort. (CHM 2132)

... Willam Bastard, duc de Normandie, *vynt* ou grand gent e pueple santz noumbre en Engleterre e *conquist* a force tote la terre

---

[2] See p. 38.

e *ocist* le roy Heraud e se *fist* coroner a Loundres a si *estably* pees e leys a sa volenté, e *dona* terres a diverse gentz qe ou ly *vyndrent*. (FFW 1:11-16)

Avynt qe je e ces damoiselles e quatre chevalers e autre *entrames* un batil en la mer . . . . (FFW 61:25-27)

Si comme Dido la royne, qui *mourut* de deul que elle *perdy* son amant. (E 56b*)

Nous sommes .vii. freres, qui *fusmes* essillé et dechacié de nostre regne . . . . (B 259)

. . . laquelle mer, le peuple passé, et ledit Pharaon et son peuple estant ou milieu d'icelle, *se reclost*, et illecques les *absorba* et *submerga* en la perseverence de leurs pechiez . . . . (CE 300:13-15)

Et quant la belle Thibée *vint* prèz de la fontaine si fut desconfortée . . . . (R 48:6-7)

. . . il *s'arresta* sur la riviere, et *fist* la son logis en maniere de ung croissant . . . . (S 49:864-65)

. . . par quoy il *s'i trouva* grant habundance de riches joyaulx, lesquelz le roy print pour porter avecques luy. (JP 25:22-24)

The present indicative was used occasionally, but not so often as in Old French, to replace the preterite. Of course, Modern French has its historical present; but in the older language the present and past could appear in the same sentence, both with a past meaning.

Alors *fait* ferir la nave a plain voille par sur la chaynne, tant qu'elle *fut* a cheval dessus. (S 50:874-75)

. . . et ores qu'ilz *estoient* dedens, n'en *oyent*, tant feust peu. (S 91C:1-2)

Adonc *chevauche* le herault parmy la presse, voyant si grant triumphe qu'il en *estoit* quasi en reverie. (JP 29:7-9)

The imperfect and the past progressive. The Modern French imperfect indicative has replaced three tenses and constructions of the Middle French period: the imperfect, the past progressive, and *soloir* plus the infinitive. The imperfect and the past progressive expressed a continued action in relation to another action or time, the imperfect being more commonly used. Continual or habitual action in the past was denoted by the imperfect and by *soloir* with the infinitive. *Soloir* was frequently used throughout the two centuries. The imperfect was the only tense employed to describe a quality or state, except in the case of *estre* when the preterite is often found.

Un chevaler qe fust apelee Robert le fitz Sampsoun *fust menaunt* en la marche de Escoce e *soleyt* mout sovent *receyvre* sire Fouke e sa gent . . . . (FFW 41:26-28)

. . . je ne puis croire . . . que oncques le larron *feust demourant* a Romme. (B 433)

. . . contraction de leivres, ausi com se le patient *rioit* . . . . (CHM 1276)

L'en *mectoit* anciennement aveques les mors en leur sepulture aucune chose de grant valeur, et aucune foiz l'en les *embloit*. (E 71b*)

Et quant ceulx qui *gaitoient* virent qu'ilz ne le pourroient rataindre, si furent moult dolens . . . . (B 417)

E, quant vint en Engletere en la Novele Forest, ou yl *soleit converser*, encontra le roy que pursiwy un cengler. (FFW 80:23-25)

Et ne les *souloit* on point *faire* anciennement fors es chançons royaulx, qui *estoient* de cinq couples . . . . (AD 278:10-12)

. . . comme il *soulloit faire* . . . (S 196:1103)

. . . et pour la persecucion qu'il fist et *faisoit* en son peuple d'Israel . . . . (CE 300:3-4)

Il avoit ou royaume mon pere un larron qui nuit et jour *faisoit* grant planté de mal aux povres gens . . . . (B 425)

Et je troussay mes agoubilles pour m'en tourner dormir, car la minuit *approchoit*. (Q 55:24-26)

. . . mais toutevoies en *haioient* il l'enfant. (B 12)

. . . car il *sembloit* ung paradis . . . . (JP 72:25)

Ung jour comme nous *chevauchions* ensemble, il *plouvoit* tresfort. (JP 47:13-14)

Marc Anthonius jamaiz ne *mettoit* en escript nulles de ses oroisons . . . . (S 26:117)

Lors luy compta par vraie confesse la somme de ces pechiez dont il *estoit souvenant* . . . . (S 104C:7-9)

. . . et touteffoiz ilz *furent* puis *accordans* enssemble pour le bien de la chose publicque . . . . (S 39:528-30)

The present perfect. In the Middle French period the present perfect (past indefinite) was not a substitute for the preterite as it is today in conversational language; it was a perfect tense and was always so used.

Et o toutes les choses devant dites je mousterai ce que je *ai peu* assembler par experrience et par doctrine de tous mes mestres que j'*ai euz* en chascun lieu . . . . (CHM 14)

Et *a esté* translatee en pluseurs langages et exposee a tresgrant diligence de pluseurs docteurs catholiques et autres . . . . (E 1a)

> ... et depuis ce, Dieu mercy, j'*ay vescu* a grant honnour puis ça, puis la. (B 429)
>
> Et pour mieulx veoir la difference desdictes couples en *ay* je cy *mis* troys suyvanment. (AD 290:30-31)
>
> Lesquelles choses j'*ay dictes* pour monstrer la variation que les gens du païs dient sur la mort de Pilate.... (S 68C:2-4)
>
> Certes, dist une autre fileresse non gaires ancienne, moult de fois *ay oy* parler des luitons.... (Q 153:23-25)
>
> ... vous et voz gens *avez trouvez* bons habillemens contre la pluye et le maulvais temps. (JP 39:1-3)

The future. Not only did the future express simple futurity, but it was used after *dès ce que, quant, aussi tost comme, si tost que, tantost que, tant longuement comme,* and often after *jusqu'à ce que,* when the future was implied.

> Je *demonsterai* chascune maladie en .4. manieres. (CHM 1423)
>
> Et la tierce vie est contemplative, de laquelle nous *dirons* et enquerrons aprés. (E 6a)
>
> ... a l'onneur de vous et au bien de tous ceulz qui les *vouldront* entendre.... (S 3:19-20)
>
> ... et *des ce que* il *seront* sechiés et la dolour recommancera.... (CHM 2078)
>
> ... aussi il lez porra garir *quant* il *voudra*.... (CHM 1990)
>
> Et *quant* vous *verrez* alumer la sieuye dedens vos chemineez, faittes-lui la moe.... (Q 63:14-15)
>
> La .8. est que tout *aussi tost comme* il *ara* aide des medecines.... (CHM 1776)
>
> ... convient que, *si tost que* tu *seraz* entrez en ce prael, que tu t'en voises a cel arbre.... (B 78)
>
> ... *tantost que* tu *seraz* entrez en la chambre, tu te mettes serré du mur.... (B 80)
>
> ... et adonques soit appliquié l'autre, et ainsi le .3., et ainsi en après *tant longuement comme* il *morront*. (CHM 1774)
>
> ... et que le luiton avoit poveoir de les ainsi mener et abuser *jusques à ce que* la femme *aura* de son mary ou filz ou fille. (Q 152:18-21)

The conditional. We have already mentioned the conditional tense in contrary-to-fact conditions. Suffice it to say here that the imperfect subjunctive, closely allied to the conditional in meaning, often replaced it, even in constructions other than contrary-to-fact conditions. Nevertheless, the concept "would" in

Middle French was normally expressed by the conditional indicative.

> Sire Water pensa qu'il *se vengereit* ou *morreit*. (FFW 17:15)
>
> Car ainsi *seroit* ce procés infini et *seroit* tel desir vieux et vain et pour neent. (E 3b)
>
> ...si s'assirent au disner bel et courtoisement et deviserent que, aprés disner, ilz *yroient* veoir la duchesse. (B 517)
>
> ...et il leur dist que cellui qui premier *baiseroit* sa mere *regneroit*. (S 25:60-61)
>
> ...et ainsi les femmes ne *seroyent* point luxurieuses. (R 45:1)
>
> ...car il ne *bougeroit* d'illec de tout le jour. (JP 43:32-33)
>
> ...je tienk terres de vous; e vous me *dussez* meyntenir en resoun .... (FFW 33:1-2)
>
> Et nul ne *diroit* que celui *eüst* felicité qui vit en telle misere .... (E 6a)
>
> Helas! je *deüsse* ore estre a Romme avec mes amis et mon pere .... (B 65)
>
> ...et, pour resconfforter sa gent, publia que le roy l'avoit mandé haster; car aultrement l'emprinse *fust* rompue et reconcquist. (S 53:986-88)

The compound tenses. The compound (or perfect) tenses were the same in the Middle French period as they are at the present time, with the one exception that the past perfect was often composed of the preterite of the auxiliary verb with the past participle, as well as of the imperfect indicative plus the past participle.

> ...un homme qui fu repris de ce que il *avoit feru* son pere .... (E 143a)
>
> Et toutevoies mercya Berinus le bourgois assez de foiz de ce que si liement l'*avoit reçu* en son hostel. (B 50)
>
> ...le paige dudit Eneas *avoit mis* sa lance devant une fenestre .... (R 67:18-19)
>
> Et quant les lyons *orent recouvré* leur alaine, si rassaillirent Aigres par grant aïr .... (B 316)
>
> Lors print congié de ses compaignons, qui depuis de lui ne sceurent nouvelles ne que il *fut devenus*. (S 117C:2-3)
>
> Quant il *eut dit* cela, si commancerent a rire .... (JP 48:6-7)

NEGATION

Middle French, like Old French, had two words to express negation, *non* and *ne*, identical in meaning but varying in usage.

One or the other was required to express a negative idea, and each could be used without an auxiliary.

Non. *Non,* the accented form, was used with the verb in conversation to refute a positive statement previously made. As in Old French, when the verb in the statement was *estre* or *avoir,* one placed *non* in front of *estre* or *avoir* in the denial. If the verb in the statement were any other verb, *non* would precede, in the denial, the verb *faire* used vicariously.

> Sire, fet Mador, c'est la moye. —Par foy! fet le chevaler, *noun est.* (FFW 59:9-10)
>
> "... car bien voy que a nous puet valoir. —Ha! maistre, pour Dieu, *non ferez.*" (B 228)
>
> "Mon amy, mais je vous prie que viengnez avecques moy, et deviserons des choses que avons veues." "*Non feray,*" respondit Jehan de Paris . . . . (JP 33:5-8)
>
> Beu Frere Phelip le Rous, ne me conuséz vous? Je su Fouke vostre frere. —*Nay,* certes, daun Sarazyn, *non estes*; mes ore me vodréz engyner. Par Dieu! *noun frez.* (FFW 78:10-13)

As a positive contradiction to a negative statement, *si* was used instead of *oui.*

> Et Medée dist: "Retournerez vous point?" Il dit: "*Si feray* . . . ." (R 42:9-10)
>
> "Amie," dist Piramus, "n'as tu plus d'esperance en vraye amour? —*Si ay.*" (R 47:30-31)

Nenil was generally the absolute negative, opposite of *oui.* *Non pas* appeared late in the period. We have found but one example in our texts of *nay,* rare even in Old French.[3] *Non* frequently occurred after *dire que, respondre que, croire que,* etc.

> Voléz vous juer? —*Nanyl,* fet il. (FFW 61:3)
>
> Et avoies tu riens fourfait? —*Nennil,* par foy. (B 88)
>
> Par Dieu, sire, *nenny,* car il nous en fault bien dix foiz autant . . . . (JP 49:26-27)
>
> . . . comment est il au seigneur possible qu'il puist donner habondance de vivres . . . Certes *nenyl,* car c'est chose qui vient de Dieu . . . . (S 16:309-11)
>
> "Ma damoiselle," dit il, "*non pas,* car il y a a venir premier ces gensdarmes." (JP 61:4-5)
>
> . . . il *respondroit* tantost *que non.* (E 40a*)

---

[3] *Naie* in Old French answered in the first person. The *nay* cited above answers in the second person.

Par ma foy, je *croy que nennil* . . . . (B 311)

. . . Tullès se taist, *disant* encores *que non* . . . . (S 15:280-81)

Non usually replaced a negative verb in the second of two parallel constructions, to avoid repetition of the same verb.

. . . yl le tendreit, quy qe se corocereit ou qy *noun*. (FFW 32:19-20)

. . . li uns li ottroioit, li autres *non*, si que grant noise et grant tençon il avoit entre eulx. (B 91)

. . . l'une boit vin et l'autre *non* . . . . (E 64b*)

Laquelle teste fut congneue, et *non* de tous pour les playes qu'elle avoit. (S 45:727-28)

. . . selon que je verray la matiere d'espouser ou *non*, je le feray. (JP 24:20-21)

From the beginning of our period, *non* in this usage could be reinforced by *pas* or *mie*. Occasionally the *non* gave way to *ne*.

. . . sire chevaler, sauve le honour nostre seigneur le roy, *non pas* vostre, vous y mentéz. (FFW 70:15-17)

Et c'est en celui qui distribue et *non pas* en celui qui prent et reçoit. (E 109a)

Mais sachiez que a vous mesmes je donne et ottroie ma fille, et *non mie* au roy vostre seigneur . . . . (B 325)

. . . et de tant se puelent bien faire, et *non pas* de plus, par droicte regle. (AD 278:13-14)

Ceulx qui estoient venuz pour ladicte embassade furent bien esbays, et *non pas* sans bonne raison . . . . (JP 10:15-16)

Et quant on est sus, pareillement voit on les deux mers, comme l'en fait du mont devantdit; mais *non mye* si clerement, car il est plus bas que l'autre. (S 72C:7-9)

. . . eles doivent estre subtiles, tendres, de bonne digestion engendrantes bon sanc sec et *ne mie* trop aduste . . . . (CHM 774)

To make an infinitive, particple, adjective, or adverb negative, *non* was used alone or with a reinforcing word.

. . . *non mie nuisant* la ruille dessus dite . . . . (CHM 1690)

Si comme faire incision ou *non faire*, donner medicine laxative ou *non donner*, ce n'est pas mediciner et guerir. (E 111d)

. . . et ainssy longuement le indigna par sa grant force *non vaincue* . . . . (S 34:366-67)

Donques prodigalité est superhabondance en donnant et en *non prenant* et deffaut en prenant. (E 69b)

> La tierce Beatitude si est de plourer ses pechiez et les pechiez de ses proismes, *non pas* y estre obstinez .... (CE 299:11-12)
>
> Mais pour me monstrer *non parcial* .... (Q 95:17)
>
> ... qui tousdiz vouloit aler le premier jusques esdictes portes, et *non plus* avant .... (S 83C:8-9)
>
> ... doivent estre chaudes, *non pas froides* .... (CHM 859)

Nient occasionally modified a past participle or adjective.

> Les causes pour quoi nous sommes mors de mout d'icestes nous sont aucunes fois *nient conneues* .... (CHM 1706)
>
> ... et teles choses sont senz commencement et *neent corrumpables*. (E 118b)
>
> ... car la chose *nyent veue* ou *nyent parlée* n'est onques desiré[e] .... (R 44:25-26)

With *se* ("if"), *non* was used to mean "except" (cf. Modern French *sinon*).

> En l'autre lieu, c'est a savoir en la cheville du pie et [ou] talon, ne sont *se non* .7. os .... (CHM 523)
>
> Et, *se* ce *non*, veez cy mon gage que je y ay droit .... (B 187)
>
> Item les neufs lettres mueles et qui point ne donnent de son ne de fin en sillabe *se* trop po *non*, sont ix. (AD 273:21-23)
>
> ... *sy non* par ceste seulle maniere .... (S 19:399)
>
> ... a aultre chose ne suis je subgect après Dieu, *si non* a mon vouloir .... (JP 38:5-6)

Ne. It was *ne* and not *non* that was commonly employed in the fourteenth century to form a negative. *Non* was used in particular cases; *ne* was used in general, and often it required no auxiliaries. But *ne ... pas* had already surpassed *ne* alone by the beginning of the fourteenth century. In 208 cases in the *Cyrurgie* we find *ne* 93 times, *ne ... pas* 110 times, and *ne ... point* only 5 times. At the end of the fifteenth century, in *Jehan De Paris*, out of 74 examples *ne ... pas* was employed 32 times, *ne* alone 23 times, and *ne ... point* 19 times.

> ... je conseil que nous *n*'athouchons les maladies espouentables, quant nous *n*'i avon presumption de bonne, ferme santé. (CHM 22)
>
> ... car la complete curative *n'a pas* mestier que elle ait recours a la palliative .... (CHM 1691)
>
> Et quant Mirame perçut que ses filz *ne* revenoit, si lui envoya un message et lui manda qu'il s'en venist. (B 201)

> ... ou il *n*'a *point* entiere sillabe, si comme "clamer" et "oster" ou il n'a que demie sillabe .... (AD 275:12-13)
>
> ... il vint au pere Thibée en li disant que, se il *ne* defendoit a sa fille qu'elle n'alast plus avecques son filz .... (R 47:15-16)
>
> ... qui *ne* presente un aigneau au loup en l'onneur de l'aignel de Dieu, il sache certainement qu'il en y aura de foireux en l'année. (Q 53:22-23, 54:1-2)
>
> "Sire," dit l'ung d'eulx, "il *n*'est *pas* en ceste compaignie." (JP 52:7-8)

"Neither ... nor" was expressed in Middle French by *ne* ... *ne* ... *(ne)* up until the end of the fifteenth century when one finds the modern *ne* ... *ni* ... *ni*.

> ... maladies qui *ne* sont plaies *ne* ulceracions *ne* passions d'os. (CHM 6)
>
> Et ainsi a telz genz il *ne* leur plaist *ne* donner *ne* prendre. (E 70d)
>
> Guaryn de Meez, le vaylaunt, *ne* avoit femme *ne* enfant .... (FFW 9:15-16)
>
> ... qui depuis de lui *ne* sceurent nouvelles *ne* que il fut devenus. (S 117:2-3)
>
> ... car povre compagnon estoit, et vela je *ne* le vey *ne* hier *ne* au jour d'huy .... (Q 15:5-6)
>
> ... il *n*'avoit loisir *ny* espasse de parler *ny* de soy jouer avecq sa fiancee comme il desiroit .... (JP 57:12-14)

Auxiliaries of Negation

After the Old French period, *ne* gradually weakened and had to be reinforced with auxiliary words, which may be divided into three general groups: adjectives and pronouns, adverbs, and nouns.

1. Adjectives and pronouns. Certain words, *aucun* and *nul*, were both adjectives and pronouns in Old French and were in constant use as either one or the other. They were negative in meaning only when coupled with *ne* or another negative word.

Aucun. This word was never negative unless linked with a negative verb. It was used in its positive sense to mean "some" or "any whatever" and was of more frequent usage than it is today, often being employed where only the indefinite article would be necessary. But since the indefinite article was rarely used in our period, *aucun* was the means of indicating even the slightest stress. This is true of its negative as well as its positive use, where it was synonymous with *nul*.

Les queles aignes sont, selonc *aucuns*, purgatives dites emomptoires du foie et des coillons. (CHM 483)

Et s'il y venoit *aucun* povre, il lui aidoit et confortoit. (B 209)

Et se *aucum* seigneur ou dame demandoit quelles sont les euvres .... (S 7:29)

... les poins doivent estre tous jours non pers, se il n'a *aucun* angle en la plaie. (CHM 723)

... et dont vous ne estes venuz a *aucun* ou trop pou d'amendement. (CE 309:20, 310:1)

... il n'est *aucune* de vous qui ne sace que je prins mon mari Josselin plus pour sa beauté que pour sa richesse .... (Q 15:2-5)

... si ne trouverent adventure *aulcune* .... (JP 9:4)

Nul. *Nul*, likewise, was both adjective and pronoun, having the same meaning as *aucun*, although inherently it was a negative word. It is frequently found, especially early in the fourteenth century, with a positive meaning. *Nulluy* appeared occasionally as a pronoun only.

... e, s'yl poeit oyr de *nulle* bele dame ou damoiselle, femme ou fyle de counte ou de baron, et d'autre, yl la voleit a sa volenté aver .... (FFW 49:8-11)

... mettons le voile a l'autre lez pour veoir se nous puissons eschapper en *nulle* maniere. (B 227)

... et qui me vouldra *nulle* chose, en compaignie de ladicte royne me trouvera. (S 109C:6-7)

... car *nul* menesterel ne mire *ne* pareuvre ou songiet que il mesconnoist. (CHM 45)

... et comment anciennement *nul ne* osoit apprandre les .vii. ars liberaulx ci après declarez, se il n'estoit noble. (AD 266)

... de laquelle *ne* eust *nulz* enffans .... (S 176:432)

... l'en pourroit dire que suis trop vielle et que *nulz ne* me voulroit .... (Q 106:12-13)

Car en ceulz ici pourroient estre aucuns deceüs et es autres *nul* ou peu. (E 5a*)

Mais il n'en y ot *nullui* que ne le ressoingnast .... (B 435)

Quant le jour fust venus, les Affricquans assiegez ne virent *nulluy* .... (S 52:954-55)

2. Adverbs. The principal negative adverbs in the Middle French period were *onques, ja, mais, gueres,* and *plus*. *Ne ... onques* was gradually giving way to *ne ... ja* or the combination *ne ... ja mais*. Old French *ne ... mais que* was already re-

placed by *ne . . . que*, the *mais* having practically disappeared from the construction before the beginning of the fourteenth century. Later in the century and throughout the fifteenth century, *ne . . . mais* ("no longer") tended to be replaced by *ne . . . plus*. When written before the verb, the word order of the combinations was usually reversed: *onques ne, jamais ne, plus ne*.

Onques

>...ne je *n*'en vi *onques* nul morir.... (CHM 914)

>Audulf ly respondy hardiement e dit qe *unqe ne* fust traytour, ne nul de son lignage. (FFW 51:11-13)

>...il s'ensuit que .i. homme a en soy et scet aucune vertu, et d'une autre vertu il ne l'aprendra ne *ne* sara *onques*. (E 131a)

>*Onques* homme sage *ne* monta sur asne.... (Q 34:1)

>...car *oncques n*'avoient veu telles besongnes. (JP 12:11-12)

Ja, mais

>Des queles quatre choses se l'une defaut, quele qu'el soit, ce que les autres trois soient bien, si *ne* sera *ja* curee cele maladie. (CHM 25)

>Et pour ce, un povre homme *ne* sera *ja* magnifique.... (E 73b)

>...lesquelles il *ne* convient *ja* raconter. (R 3:26-27)

>...*ja* vostre cité *ne* vous garantiroit de sa puissance. (JP 62:14-15)

>Mes *ja mes ne* vous avanteréz a nulle amye qe vous averéz qe par moy deceyte avéz conquis le chastiel de Dynan e le pays. (FFW 22:18-20)

>...et lui dist moult debonnairement que sa mere estoit morte et que *jamais ne* parleroit a lui.... (B 22)

>Marc Anthonius *jamaiz ne* mettoit en escript nulles de ses oroisons .... (S 26:117)

>...et, pour vray, *jamais plus ne* croisteront.... (Q 66:3-4)

>...car ilz *n*'estoient *jamais* loing les ungs des aultres de deux ou de trois lieues.... (JP 9:2-4)

>Vassal, fait il, *ne* parlés *mes* de ce, quar yl destyne as autres.... (FFW 6:7-8)

>...ne je *n*'ay *maiz*, se petit non, de l'avoir que je y ay conquesté .... (B 393)

>...*ne mais* il suffit que en la prose soyent aucunes diccions d'une mesme ou de semblable terminaison.... (R 1:6-7)

Ne . . . que, ne . . . gueres

>...si est car s'il *n*'en i avoit *que* un, ou il seroit dur ou mol ou moien.... (CHM 184)

Sire Fouke *n*'aveit a le jorné *qe* set centz chevalers . . . . (FFW 50:29-30)

. . . et qui *ne* adviennent a une personne *que* une fois en sa vie . . . . (E 73d)

. . . en pou d'eure ilz *ne* virent *que* ciel et mer . . . . (B 574)

. . . en ung lieu cloz de haultes et horribles montaignes, ou il *ne* avoit *que* deux yssus. (S 50:880-81)

. . . je *ne* le sçay *que* par moy mesme . . . . (Q 157:14)

A ce propos se leva une vielle qui *n*'avoit *mais que* un dent . . . . (Q 53:10-11)

Certes. dit Isorie, cele damoisele *ne* fust *geres* cortois. (FFW 75:29-30)

Car tu *ne* seraz *guieres* loing alez, quant tu trouveras la chambre ou li roys Ysoppes gist . . . . (B 78)

Et après lui *ne* tarda *gaires* que la royne Elizabeth, sa femme trespassa. (S 175:389-90)

Jehan de Paris, qui venoit après tout bellement, qui *ne* s'esmayoit *guieres* de celle riviere . . . . (JP 41:2-3)

Plus. From the beginning of the fourteenth century, *ne . . . plus* not only meant "no more" but could carry the meaning "no longer," a significance it did not have in Old French, in which "no longer" was expressed by *ne . . . . mais*.

. . . unqe *ne* poeit Fouke vere *plus*, mes fust veogle pur tous jours. (FFW 84:3-4)

La .8. rieulle si est que nous devon si faire que le navré ne voie son sanc corre, et li dire que il *ne* court *plus* . . . . (CHM 672)

. . . Orchas, yssez hors de ceste prison, car *plus n*'y demourrez, se Dieu plaist. (B 503)

Mais nous *n*'en parlerons *plus* ci endroit. (E 6b)

Advint que Jason adriva, li et ses gens, en un royaume dont le pere Medée estoit roy, et *n*'avoit *plus* d'enfans . . . . (R 41:30-31)

Plus ne parlons de dueil, maiz d'autre propos . . . . (Q 106:1-2)

. . . *ne* parlons *plus* que de faire bonne chiere. (JP 11:26-27)

3. Substantives. The number of nouns used as auxiliaries of negation had already been reduced by the beginning of the Middle French period. *Goute* had almost entirely disappeared;[4] *mie* was rare except in *Bérinus* and the *Salade*. There remained

---

[4] We found it only in *Bérinus*: ". . . et bien a .lx. ans passez que par viellesse *ne* voit *goute*." (75)

pas, point, rien, nient (neant). *Personne* was still absent as a negative word in our fourteenth-century texts but is seen in the fifteenth century.

Pas. Even at the beginning of the fourteenth century *ne ... pas* had become the principal construction for expressing general negation. In Old French *ne* had been sufficient and was more common than *ne ... pas*, the oldest of the noun auxiliaries. Unlike *point*, which also originally represented a part of a quantity, *pas* did not require *de* before an object of the verb; it had lost its substantive value as early as the twelfth century. Contrary to its use in Old French, *pas* was employed regularly in Middle French with a verb having a direct object, and hence was not limited to *estre* and other intransitive verbs. In our period, *ne ... pas* and *ne ...* were identical in meaning. The combination was frequently written *pas ne* before the verb.

> ... mes Thederic *ne* fait *pas* pertuis en la chose proposee. (CHM 932)
>
> ... car il *ne* despent *pas* grandement en son usage cotidian .... (E 73d)
>
> ... ou autrement elle *ne* seroit *pas* dicte ne reputee pour equivoque. .... (AD 277:24-25)
>
> ... aultrement la ballade *n*'est *pas* bien composée. (R 9:3-4)
>
> ... et lui et toutes ses gens, que il *n*'en perdit *pas* ung tout seul. (S 50:888-89)
>
> ... de quoy noz gens *ne* firent *pas* grant compte .... (JP 9:11-12)
>
> ... qu'ilz feissent vilonnie a ceulx qui *pas ne* l'avoient desservi .... (S 36:435-36)
>
> Par ces croix, dist une vielle toute ridée, *pas ne* suis des plus jones .... (Q 157:20-21)

Point. Similarly *ne ... point* had come to express general negation and was in use with all verbs. When followed by a noun object it usually, but not always, required *de* before that noun. However, when the noun was particularized by the definite article or possessive adjective, *point* was never employed until late fifteenth century. Like *pas ne*, *point ne* often preceded the verb.

> Si comença un chastiel a Brugge e un autre chastel comença en Dynan, mes yl *ne* les parfist *poynt*. (FFW 2:14-16)
>
> ... car bestes qui *n*'ont *point de* chief ont les orgues .... (CHM 133)
>
> ... et s'en fouy a grant aleüre et *n*'arresta *point* .... (B 66)

> ...les neufs lettres muelles et qui *point ne* donnent *de* son ne de fin en sillabe se trop po non, sont .ix. (AD 273:21-23)
>
> ...et dist que *point n*'y a faulte . . . . (Q 42:7)
>
> ...il *ne* convient *point* regarder au nombre de ses sillabes . . . . (R 1:5)
>
> Par ce chemin *ne* treuve l'en *point d*'eaue. (S 75C:8)
>
> ...nous *ne* verrons *point* ce beau prince, car vecy venir le conte de Quarion qui *point ne* l'amaine. (JP 69:24-26)

Occasionally one finds *point* used alone, without the help of *ne*.

> Et Medée dist: "Retournerez vous *point?*" (R 42:9-10)
>
> Et puis, ma mye, vous desplaist il *point* d'avoir laissé le palaix de vostre pere? (JP 88:2-4)

Mie. Ne . . . *mie* occured only in *Fouke Fitz Warin, Bérinus,* and the *Salade*. It was already being replaced generally by *ne . . . pas* and *ne . . . point*.

> ...e *ne* ditez *mie* autre foyz qe je savoy vostre damage . . . . (FFW 20:8-9)
>
> Se li Romain furent adont esmaiez, ce *ne* fu *mie* merveille, car il *n*'avoient *mie* telle chose aprise. (B 128)
>
> Et les patrons disoient que ce *n*'avoient il *mye* fait . . . . (S 156:7-8)

Rien. In Old French *rien* was a feminine noun, meaning "thing," and was declinable. It had a negative value only in conjunction with a negative verb. One finds it as both subject and object of the verb, and rarely as object of a preposition. The Middle French period made few changes in the status of *rien*. It came to resemble more an indefinite pronoun than a noun, although at times it retained its substantive value. There are occasional case survivals, but they are used haphazardly. In the fifteenth century the preferred spelling in all positions was *riens*.

> L'utilité pour quoi pluiseurs ordres sont des mesaraïques fu que s'il eschapoit *rien* a l'un, que l'autre ordre le presist. (CHM 390)
>
> Et si *riens* vous survient, faictes le moy savoir . . . . (JP 14:5-6)
>
> Et celui qui deffaut en ce et qui *de rien n*'a vergonde, il est apellé invergondeus ou eshonté. (E 35c)
>
> ...si je ne usse esté, *rien ne* fust perdu! (FFW 22:8)
>
> ...qu'il leur deffendoit que *pour riens* ilz *ne* ouvreissent les petites lettres closes . . . . (S 49:857-58)
>
> Fouke fust en la foreste e *rien ne* savoit de ceste affere. (FFW 38:14)

... car autrement *ne* poeult *riens* prouffiter. (Q 130:13-14)

... il *ne* faisoit *riens* du regne ne en faiz ne en diz, que ce ne fust par le conseil Gieffroy. (B 204)

On rare occasions *rien* was used adverbially.

... e la launce debrusa e le tronchoun remist en le cors, mes les entrayles ne furent *rien* entameez. (FFW 26:29-30)

Personne. Nonexistent in Old French, and not found in the fourteenth-century texts studied, *ne ... personne* appeared in the *Salade* beside *ne ... cuer* and *ne ... celui* to indicate a personal negative.

Ouquel paradis *n*'est *personne* qui y puisse entrer ne mo[n]ter .... (S 139C:4)

... il *n*'est *cuer* qui ne soit craintif. (S 77C:5)

Adonc *n*'y eut *celuy* qui devotement ne se mist a genoulx .... (S 121C:3)

Nient (neant). *Nient* ("nothing") is the only one of our auxiliaries of negation that was a true negative within itself, able to express negation without the help of *ne* or *non*. By the middle of the fourteenth century the spelling *nient* was being replaced by *neant*, the form that survives today as a noun. In Modern French *rien* has taken over all the functions of the old *nient*.

... ce fust *nyent*, quar eschapéz erent. (FFW 17:12)

... car superhabonder en donner et *neent* prendre, ce ne vient pas de mauvaistié ne de chetif courage. (E 69c)

Ma suer, laissiez vostre dueil a demener, car li plorer *ne* vous vault *neant*. (B 224)

... et les autres mutes, qui donnent pou ou *neant* de son. (AD 273:17-18)

Et ce ne fust pas pour *neant* .... (S 47:805)

... pour ce que *neant* plus que l'en pourroit proferer le chant de musique sans la bouche ouvrir, *neant* plus pourroit l'en proferer ceste musique naturele sans voix .... (AD 271:19-21)

INTERROGATION

To form the interrogative it was necessary only to invert subject and verb. When the subject was a pronoun, the inversion was made but the Middle French writer did not make use of the euphonic *t* that we have today in the third person singular.

Ne vous *fet il* si bon noun? (FFW 65:19-20)

Sire, fet le charboner, *prendroy je* ma forche en mayn? (FFW 69:6-7)

> ... ne *feroit celui* aucunes laidures a qui rien n'est grant? (E 75d)
>
> ... pourquoy ne *a il* povoir de le faire? (S 230:12)
>
> Vous *semble il* que j'en aie assez fait mon devoir? (B 325)
>
> ... comment *estes vous* si degenerens et divisez ensemble . . .? (CE 294:4-5)
>
> ... *va il* en quelque guerre qu'il maine tant de gensdarmes? (JP 61:13-14)

When the subject of the verb was a substantive, inversion was still made, as a rule without any reduplication of the subject. The modern construction can be found in the fifteenth century, but it is rare.

> Bel sire, *est ceste nef* la vostre? (FFW 58:1-2)
>
> Et te *sembloit ton jeu* si fais? (B 88)
>
> *Sunt touz les gentz* de vostre terre de vostre colour? (FFW 52:5-6)
>
> ... *viendra* encores *Jehan de Paris*? (JP 61:2-3)
>
> *Le seigneur* les *doit il* oïr? (S 12:173)
>
> Messeigneurs, *Jehan de Paris est il* en ceste compaignie? (JP 58:22-23)

Although *est ce que* does not appear, *qu'est ce que* and *qu'est ce qui* ("what") may be found introducing an interrogation with no inversion of subject and verb.

> Et *qu'esse ce qu*'il dit, beau filz? (JP 47:10)
>
> "Monseigneur," dit le roy de France, "*qu'est ce que* vous avez dit?" (JP 92:23-24)
>
> "*Qu'est ce,* sire," se dit Berinus, "*qui* vous meut ores a moy chastier?" (B 35)

In negative-interrogative sentences the word order was the same as in positive interrogations, with *ne* before the verb and the negative auxiliary, if any, after the inverted subject.

> Ne veiéz vous la mon seignour, qe grantment vous ad chery e suefment norry . . .? (FFW 14:17-18)
>
> Qu'est ce? Sire, n'aray je que vestir? (B 36)
>
> Pour quoy, mes enfans, ne advertissiez vous que les bestes naturelment retraient a la nature de leurs peres ou de leurs meres en force, en legiereté ou en foiblesce? (CE 297:18-19, 298:1-2)
>
> N'appercevez vous bien que, si le pape eust voulenté ou pouvoir de vous pardonner que il ne l'eust ja fait . . .? (S 107C:8-9)
>
> ... et ne le verrons nous pas? (JP 56:11-12)

The Passive Voice

The writer of today avoids the true passive whenever possible by substituting a reflexive construction or an active construction with *on*. In the fourteenth century there was no such tendency. In the early years of the century the reflexive (for the passive) and the construction with *on* were rare. To express the passive one used the passive. In the *Cyrurgie*, in 46 instances, 43 were the true passive, 1 was the reflexive, and 2 were with *on*. In 19 examples in *Fouke Fitz Warin*, we found 17 passives, 1 reflexive, and 1 *on*. Likewise in the *Livre de Ethiques* and *Bérinus* the true passive was in an overwhelming majority. In the *Art de dictier*, at the end of the century, the use of the reflexive was increasing. Out of a total of 39 constructions, 21 were in the passive, 13 with the reflexive, and 4 with *on*. Of 71 examples in the *Recueil*, at the beginning of the fifteenth century, 36 were the true passive, 22 the reflexive, and 13 were with *on*. These figures would seem to indicate that the reflexive and *on* were steadily gaining ground; yet at the end of the period, in *Jehan De Paris*, the author used the true passive exclusively, except for an occasional active voice employing *on*.

... se .l. experiment *est fait* en bois ou en cuir .... (CHM 21)

... et par ce *sont congneüs* les principes mathematiques .... (E 11c*)

... sermons et escriptures *aient esté composees* pour ce monstrer. (E 6b)

... si comme il *sera veu* par exemple cy après .... (AD 274:7)

Il dist de l'entree tout ainsi que dessus *est dit* jusques a la vaine du vent .... (S 85C:1-2)

Item, est assavoir que ... *sont appellez* les monts de ceste partie les montz Appennims .... (S 46:768-71)

... se la vertu du patient ne *s'aflesbit* tantost du tout en tout. (CHM 892)

La nuctricion et digestion *se fait* mieulx en dormant .... (E 22a*)

... c'est ouvrage qui *se porte* au Puis d'amours .... (AD 281:7-8)

... car rymes *se font* en pluseurs et diverses manieres. (R 1:3)

L'une d'entre elles, qui savoit de cest article, respondy que le pechié *se povoit estaindre* par les prières du prestre .... (Q 60:4-6)

Et aultrement saichent tous que la chose qui ne *se comporte* liement et *se soustient* par force et contre le cuer des gens, est tresdure a longuement souffrir. (S 14:239-41)

Ceste comistion *est* ainsi *faite*; mes *on doit* fere premierement oroison devote a nostre seigneur Jhesu Crist.... (CHM 910)

La *poeit um vere* chevalers .... (FFW 10:10)

...quant une ente est jeune *l'en* la *peut* mieulx *mener* .... (B 15)

Quant *l'en baptise* quelque enfant .... (Q 111:2)

Et car, mon tresredoubté seigneur, *on porroit dire* que une tresgrande puissance n'a nul besoing de requerir paix .... (S 10: 118-19)

...quant la froide saison estoit venue, si se traioit du soir au concistoire, que *l'en dit* en France la serie, en Artois la siète .... (Q 103:4-6, 104:1)

Chapter V
INVARIABLE WORDS

The parts of speech to be considered in this chapter are the conjunction, the adverb, and the preposition, which we shall examine in that order.

The Conjunction
Coordinate Conjunctions

The principal coordinate conjunctions, connecting two or more words, phrases, or independent clauses, were *et, si,*[1] *ne, ou, mais,* and *car.*

Et. Et was not the only word in the Middle French period with the meaning of "and"; both *ne* and *si* had that connotation. However, as early as 1314 *et* was the most common in use. In the *Cyrurgie, et* was almost invariably used to connect two positive clauses. In 60 cases we found *et* 55 times, *si* 5 times. In the more conservative *Fouke Fitz Warin* the frequency of *si* was greater, almost fifty per cent of the total. Between one positive and one negative clause *ne* was employed generally although *et* might be used.

> Sous la region des hanches sont les cuisses o les autres membres qui sont desous, *et* des hanches sont continués tous les autres membres desous, mes la cuisse est moien entre ces membres. (CHM 518)
>
> Ditez moy si nulle chose vous faut *e* je hautement fray fere les amendes, pur quoy voléz departir de moy. (FFW 57:17-19)
>
> ... ilz sont proffitables a pluseurs, *et* tel proffit il le font en donnant. (E 67a)
>
> La huitiesme Beatitude est de paciemment souffrir persecucions pour le fait de garder bonne justice, et de ce vous sera grant gloire remunerée . . . . (CE 303:4-6)
>
> ... le roy me fit ses plains de ses gens qui estoient noyez, *et* lors je luy dis qu'il devoit faire apporter ung pont . . . . (JP 83:9-11)
>
> ... ilz laisserent de gré eschapper le plus malvais cheval qu'ilz eussent, *et* en le syevant ainssy comme pour le prendre ilz choisirent tout l'ost. (S 49:848-50)
>
> Il n'ot mie la endroit longuement demouré quant il vit passer quatre noirs corbeaux, *et* en pou d'eure aprez y en vint .xii. . . . . (B 441)

---

[1] The basic meaning of *si* in Old French was "so," and it introduced a weakened result clause in a condition. In our period it serves as a coordinate conjunction and is synonymous with *et* when connecting two clauses.

INVARIABLE WORDS   131

> Dieu te face preudefemme, *et* jamais elle n'aura honte de son corps. (Q 81:2-4)
>
> Si loua merveilleusement la beauté et le sens de la pucelle, *et* ne fut au souper parlé d'aultre matiere . . . . (JP 21:9-11)

Et could also connect any two parts of speech or two phrases, although *ne* is occasionally found, almost always with a negative verb.

> . . . ou ce qui est fichié en la plaie, tost *et* apertement. (CHM 686)
>
> . . . car il craint *et* redoubte mentir . . . . (E 85b)
>
> . . . vous mouvez si merveilleuses *et* perilleuses guerres contre voz corps *et* voz ames . . . . (CE 303:1-2)
>
> . . . et fut si crueux de jeter dars *et* lances *et* flaiches *et* pierres . . . . (R 46:10)
>
> Encores, sans aller plus et de noz temps, en quel peril *et* en quel dangier a esté ce royaume de France et par sy longue espace de temps . . . . (S 11:131-32)

Si. *Si* could replace *et* as a coordinate conjunction, could introduce the independent clause in a complex sentence, and frequently began a sentence. We found it as a coordinate conjunction (connecting two independent clauses) synonymous with *et* but less frequent. *Et si* occurred regularly throughout the period, but does not have the exact meaning of the *si* used alone.

> La .l. riulle: spasme est accident damagable destruiant aucun des membres en tout ou em partie, le quel destruit l'operation naturel, *si* est aucune fois mortel . . . . (CHM 851)
>
> Revynt a sa neef; *si* le counta a sa meyné. (FFW 64:5)
>
> *Si* avint qu'il voult ainçois parler a son pere, *si* s'en ala en sa chambre ou il gisoit, *si* trouva qu'il estoit occis. (B 115)
>
> . . . et se eles sont retraites es bous, *si* se joignent eles [es] costés. (CHM 1523)
>
> Quant l'empereur vist ce, *si* fut moult dolens . . . . (B 482)
>
> Et je m'en voy querir de la farine et du burre; *si* ferons des gauffres, et, par Dieu, le vilain Joquesus n'en tastera jà. (Q 69:12-15)
>
> *Si* fut enbasmé comme a tel prince et seigneur appartenoit. (JP 17:2-3)
>
> Mon ami, j'ay nom Gieffroy, et ne fu mie nez en ce païs, *et si* ay esté mout riches homs . . . . (B 69)
>
> Et cest art appartient assez sçavoir aux monnoyers et changeurs, *et si* fait il bien aux astronomiens pour les jugemens de leur science. (AD 268:20-22)

132   MIDDLE FRENCH SYNTAX

Ne. The meanings of *ne* were "and" or "nor." It meant "and" if it connected one positive and one negative clause; it meant "nor" if it connected two negative clauses.

> Et soit meue et encorporee, *ne* ne boille puis que ele sera mise dedens .... (CHM 930)
>
> ... si aprint a jouer au hazart, *ne* autre jeu ne lui plaisoit que le jeu des dez .... (B 15)
>
> Et Jason li promist tous les dieu[x] qu'il retourneroit *ne* que aultre femme jamais n'aroit.   (R 42:10-11)
>
> Sire Joce ne fist nul semblant qu'il se repenty de lur aler, *ns* ja garde ne dona.   (FFW 17:12-14)
>
> ... car accion n'est pas faccion, *ne* faccion n'est pas accion.   (E 119a)
>
> ... et ainsi homme qui de gré bat et tue sa femme jamais n'a de Dieu pardon, *ne* jamais ne peut son avoir multiplier .... (Q 105:4-7)

Ne could join any two parts of speech if the principal verb in the sentence were negative in value, or if it occurred after a comparison. Infrequently it joined two parts of speech used affirmatively.

> Se le mire *ne* le cyrurgien otout leur art et otout leur instrumens et o cautere ne souffissent, adonques il couvient trenchier le membre envenimé .... (CHM 1782)
>
> ... homme ne saveit a cel oure nul plus fort *ne* meylour .... (FFW 24:24-25)
>
> ... si ne sçavoient en quelle maniere ilz le devoient remercier *ne* regracier le bien et l'honneur qu'il leur avoit fait .... (JP 13:10-13)
>
> ... obedience vault mieulx que offrande *ne* sacrifice .... (AD 292:16)
>
> ... par la voulenté et grace de Dieu sans nul peril *ne* danger .... (JP 41:6-7)
>
> ... le piè *ne* le membre d'un autre ne li soufiroit, *ne* ne pourfiteroit.   (CHM 21)
>
> ... d'escuyers *ne* de secretaires est elle bien fornye .... (JP 81:16-17)
>
> Comment pourrai ge vivre *ne* durer sans vous?   (R 47:24-25)

"Neither ... nor" was rendered by *ne ... ne ... (ne)* during the greater part of the Middle French period. (p. 120.)

Ou. We shall not linger over the general use of *ou* ("or");

but we will note the various ways of expressing "either . . . or" in the fourteenth and fifteenth centuries: *ou . . . ou, ou soit . . . ou soit, ou soit . . . ou, soit . . . ou, soit . . . soit, soit . . . ne,* and *soit . . . et.*

> . . . il fait avaricieusement *ou* pour grace et proffit acquerir *ou* pour paine et damage eviter. (E 109b)
>
> Mais quoy que soit, *ou* du consentir *ou* reffuser . . . . (S 13:224)
>
> . . . se la cause de la difficulté de la consolidation soit comprise par le sens, *ou soit* une *ou soit* pluseurs, oste cele ou celes . . . . (CHM 1582)
>
> Le pacient est a la feie blecié en dormant, *ou soit* jour *ou* nuit . . . . (CHM 1713)
>
> Quant l'en baptise quelque enfant, *soit* filz *ou* fille, se la fille a deux parins, elle ara deux barons ou plus . . . . (Q 111:2-4)
>
> . . . et il a tesmoignage, *soit* bon *ou* mauvaiz . . . . (B 73)
>
> . . . toute chose li est voluntable qui est a son plaisir indifferanment—*soit* bien, *soit* mal. (E 48b)
>
> Et premierement, que nul ouvrier de rethorique . . . ne mette langage en avant, *soit* en lay, en ballade, en rondel . . . *ne* en quelque taille que ce soit . . . . (R 48:26-29)
>
> . . . *soit* linge, vaixelle, tapisserie *et* aultres choses, que je le vous face delivrer. (JP 53:8-9)

Mais.

> Aprés est vie sensitive, *mais* elle est commune au cheval et au buef et a toute beste. (E 10a)
>
> *Mais* vous avez forme contraire, eslevée sur deux pilliers . . . . (CE 297:5-6)
>
> Par laquelle chose peut bien estre qu'il fist mourir Pilate, *mais* non pas de Vespasien, ainsi que ceulx dudit païs dient. (S 66C:12, 67C:1)

Car. *Car* ("for," "because") connected two independent clauses.

> . . . ce n'est pas moult grant dommage, *car* il puet estre amendé en cel meisme bois . . . . (CHM 21)
>
> Sire chevaler, esveylléz vous, *quar* estrange compaignie avéz amené en le chastiel mon seignour santz congié. (FFW 22:11-14)
>
> Benois seront ceuls qui ainsi le feront, *car* les debonnaires et humbles princes possideront plus la terre que les couvoiteux et orgueilleux . . . . (CE 299:6-9)
>
> . . . pour laquelle toison moult de nobles chevaliers estoient mors, *quar* homme n'y alast qui n'y mourust . . . . (R 41:18-20)

Mais la fleur n'en est pas comme les autres, *car* elle est de la propre maniere et couleur que est la violette de janvier . . . . (S 73C:6-7)

Subordinate Conjunctions

No attempt will be made to list with examples all the subordinate conjunctions current in the Middle French period. There is no need to include those in good standing today, such as *quand, si, ou,* and the common compound conjunctions made up of an adverb or preposition with *que, ce que,* or *comme.* It will be sufficient to point out those that have disappeared from or are rare in the modern language. We have already listed (pp. 97-102) those governing the subjunctive, which are on the whole the same as those in Modern French, with the addition of *ainz que, ainçois que, si que, mais que, a ce que, por ce que* ("in order that," MF *pour que*), *comment que, (jusques a) tant que.* Old French *lues que, con que, tres que* seem to have died out. *A poi que* we have already noted (p. 104). *Des ce que* is the modern *dès que.*

Among the remaining subordinate conjunctions to be mentioned are *pour ce que* ("because"), *si comme, ainsi comme* ("just as"), *tant comme* ("just as," "as much as," "as long as"), *autant comme* ("as much as"), *tantost comme, incontinent que* ("as soon as"), *devant que* ("before"), *endementiers que* ("while"), and *que* ("for," "because").

Car celui qui s'en esloingne trop, il est a blasmer *pour ce que* la distance est notable . . . . (E 38d)

Le premier sera de l'anathomie, *aussi com* du fondement de cyrurgie abregie *tant comme* il appartient a l'estrument de cyrurgie, *si com* Avicene la mist, et *si com* el pot mieux estre estraite de lui par moy et par aucuns melliours, et *si com* je la vi par experience. (CHM 4)

Ainsi comme ilz parloient, vecy apparoistre les chariotz de la tapisserie . . . . (JP 54:26-27)

Tant come il sifla, tut le plus de les chevalers e serjauntz furent decoupees. (FFW 21:20-22)

. . . ne jamaiz, *tant comme* je vive, autrui n'ameray. (B 486)

. . . et chascun en prent *tant comme* il veut . . . . (CHM 1760)

Femme qui desire que ses vaches donnent chascune *autant* de lait *comme* celles de ses voisines, elle doit . . . son vaissel à moudre froter de bonnes herbes . . . . (Q 76:4-8)

. . . et *tantost com* il sera dessechié . . . . (CHM 2094)

Et *incontinant qu'*ilz les eurent fait lire, ilz me firent tirer a part, et tindrent conseil. (JP 7:23-24)

... j'ay souvent oy dire qu'il fault se garder de mettre oefz couver le jour *devant que* la lune se reface .... (Q 79:9-11)

... *endementiers que* les consulles ordonnoient leurs esquieres, Hasdrubal avec aucuns de ses gens vint pour les veoir .... (S 44:695-96)

Le cartillaige cimbalaire est eslevé quant homme parle, et lors il ... cuevre la voie de l'air; *que* s'elle n'estoit couverte a l'eure que l'en menjue et que l'en transgloutist, la viande enterroit en la voie de l'air et l'empeescheroit. (CHM 240)

Ains and *ainçois* ("rather") were frequently employed as pure conjunctions.

Certes, fet Fouke, uncore ne vueil aler, *eynz* orroy e verroy plus. (FFW 65:17-18)

Quant li citoien entendirent Gieffroy, si n'orent talent de rire ne de moquer de lui, *ains* avoient grant merveille de ce qu'il disoit .... (B 107)

... dont par ainssy n'est pas dicte misericorde, *ains* est dicte misere accorde. (S 9:89-90)

Mes pour ce que es humaines oeuvres n'est riens parfait de tout en tout, *ainçois* avient aucune fois que les meneurs successours ameillourissent les edicions .... (CHM 10)

... point on ne s'i doit mirer, *ainchois* le returner ou couvrir la glace .... (Q 149:2-4)

THE ADVERB

For the most part, the adverbs in current use in Middle French were the same as those employed today. There were, however, a number of them which have disappeared from the modern language or were used in a different sense, especially early in the period. It should be pointed out that some adverbs were also prepositions or were prepositions used adverbially. The Middle French speaker was not too careful in distinguishing between prepositions and adverbs, but he made more distinction than was made in Old French. Occasionally one also finds adjectives serving as adverbs.

Adverbs of quantity have already been noted under the Partitive. We shall merely point out the appearance of *beaucoup* in the fifteenth century. The adverbs of negation may be found under Negation. Consequently, we shall limit ourselves here to certain adverbs of time and place (and a few miscellaneous ones) not found in the current language or having a function different from that of today.

Adverbs of time. The adverbs of time included *enciez* and *ains* (early in the period), *mais* ("more"), *devant, ore, donc* (*dont* in Old French), *adont, atant* (*entant*), *incontinent* (late), *pieça, endementiers.*

> ... et quicunquez chose que l'en i aplique, doit *enciez* estre eschaufee. (CHM 858)

> Fouke prist sa gent e vynt deleez Caunterburs en la foreste ou *eyntz* avoit estee, e lessa tote sa compaignie ileqe, estre Willam, son frere. (FFW 40:30, 41:1-2)

> ... d'estre a tousjours *mais* en desolacion par vostre coulpe .... (CE 305:15)

> Quant l'en ouyt ses parolles, le ris fut plus grant que *devant.* (JP 48:20-21)

> ... bien croy que vous dittes verité a la volenté que vous avez *ores,* mais les cuers se müent a la fin. (B 19)

> "*Or* me dictes, beau sire," dit le roy .... (JP 31:28)

> *Or* voudrai *donc* mettre et desclairier en cest livre .... (CHM 13)

> Mais en quelles choses, *donques?* (E 54a)

> *Donqe* dit Gyrard en mokant: "Veiéz cy un moygne gros e grant ...." (FFW 40:12-13)

> *Adont* vint dame Gomberde de la Faée pour commencer son Euvangile .... (Q 72:26-27)

> *Adonc* la royne commença a parler ainsi .... (JP 14:14)

> Cilz s'en partirent *atant,* qui durement estoient esbahy .... (B 437)

> *En tant* le roy commenda apporter colation qui tost fust preste. (JP 80:5-6)

> ... et ordonnerent que *incontinent* les Voltes vuidassent hors de Romme par tout ce jour .... (S 36:431-32)

> ... les enfans d'Israel alans et passans la mer soubz la verge de Moyse en la terre que Dieux leur avoit *pieça* promise .... (CE 300:10-12)

> *Pieça* ne m'avint d'avoir si bonne nuit .... (Q 71:15-16)

> ... *endementiers* adviseroient l'ost de Hasdrubel. (S 44:681)

> ... et il se doute que *endementieres* autres cyrurgiens ne soient apelés .... (CHM 2244)

Adverbs of place. Among the adverbs of place were *sus, jus, aval, amont, contremont, ens, ceans, leens, delez, iluec, encontre, deça, dela.*

Tant ala leur nef et *sus* et *jus* que elle passa oultre les ondes .... (B 230)

... pour la grant amour qui du ciel le fist ça *jus* descendre .... (CE 306:5-6)

... et quant on est *sus,* on voit bien clerement la mer de Romme .... (S 69C:6)

... la chose que les cauquemares craingnent le plus, c'est un pot qui boult *jus* du feu. (Q 36:20-22)

... si regarderent *amont* et *aval* parmi les rues de Romme, car le temps estoit bel et cler. (B 420)

... quant il fu descendu *aval,* il les feist coupper .... (R 68: 27-28)

... et puis va *contremont* la riviere serchant le gué, que jamais il ne peult trouver .... (S 45:716-17)

... de celes des queles les barbes ou tout le fer sont repons et fichiees *ens,* les unes sont fichiees en l'os, les autres non. (CHM 656)

... et fist a chascun de ceulx qui dedens gisoient et dormoient, une marche *ens* ou front, de son pouce .... (B 458)

... il n'oseroit *leans* plus demourer .... (B 36)

Si ne serez pas si honnestement traicté ne receu comme *ceans* .... (JP 76:7-9)

... e *delees* si est un chastelet q'est apellee Arbre Oswald .... (FFW 7:12-13)

... pour certain *ileques* sont trouvés gens tres excellens en ceste fortitude. (E 56c)

Illecques est l'arbre de vie .... (S 138C:8-9)

... l'en les doit contregarder et aler *encontre,* si comme il est dit par dessus eu traitié .... (CHM 801)

Tant chevaucha le roy, regardant *de ça* et *de la,* qu'il vint jusques a Jehan de Paris .... (JP 31:2-3)

... et comment elle estoit cygoigne *par deçà,* et faisoit son nyd en Flandres sur l'ostel de son voisin. (Q 94:16-18)

Other adverbs and adverbial phrases. The intensifying adverb, *par,* usually found in Old French in conjunction with *molt,* had practically dropped out of the language by the beginning of the fourteenth century. *Molt* alone, however, served in the fourteenth century in place of both the modern *beaucoup* and *très*, although *très* occurred frequently.[2] *Beaucoup* made its appearance in the fifteenth century. It occurs twice in the *Salade*, once in the *Quenouilles*, and five times in *Jehan de Paris* at the end of the century. *Dont* ("wherefore," "whereupon") was regularly employed, as was *auques* ("somewhat"), *certes*, and *voire*. Among the adverbial expressions, we can cite *de rechief*, *a primes*, *a merveille*, and *a (de, en) gré*.

> Quant Fouke fust de dys huit ans, *molt par* fust beals, fortz e grantz. (FFW 12:19-20)
>
> ... se il ne *par* estoient *tresgrans* et pluseurs .... (E 18a)
>
> ... baillier en françois les arts et les sciences est un labeur *moult* proffitable .... (E 2a)
>
> Il me desplaisoit *moult* .... (Q 68:9)
>
> ... est assez plus long, mais est *beaucop* plus aisié, car il prent *beaucop* de tours .... (S 75C:4-5)
>
> ... dont premiers vindrent les Vaudois, de laquele science elle avoit *beaucoup* retenu. (Q 57:16-18)
>
> ... e parfirent le chastel de Brugge contre la defense le roy Henri, *dont* le roy Henri les desheryta e fist exiler .... (FFW 2:22-24)
>
> ... laquele vous devez faire a un chascun sanz accession de personne, *dont* il est escript .... (CE 301:3-5)
>
> ... il n'avoit loisir ny espasse de parler ny de soy jouer avecq sa fiancee comme il desiroit, *dont* il estoit fort marry. (JP 57:12-14)
>
> ... car Famius son pere le commençoit *auques* a esloigner de s'amour .... (B 31)
>
> Fouke fust *auke* brun e pur ce fust pus apelé de plusours Fouke le Brun. (FFW 17:27-29)
>
> "*Certes*," dit Jehan de Paris, "de ce n'ay je garde ...." (JP 38:12)
>
> "*Voire*," dit le roy, "mais nous ne pourrions ainsi faire comme il nous a fait." (JP 79:31-32)
>
> Or retournon *derechief* au bien de quoy nous querions .... (E 8c)
>
> Alors *de rechief* nostre mareschal dira les parolles qui s'enssievent .... (S 219:373-74)
>
> Hélas! ores *a primes* congnois je bien l'amour qu'elle avoit a moy .... (B 37)
>
> Donqe comença duel *a merveille* entre les freres. (FFW 73:18-19)

---

[2] *Très* was normally joined with a following adjective although there were many instances in which the two were separated as early as the late thirteenth century.

Item, il les reçoit benignement et les prent *a gré* .... (E 76b)

... et ainsi homme qui *de gré* bat et tue sa femme jamais n'a de Dieu pardon .... (Q 105:4-6)

... pource luy failloit prendre *en gré* ce qu'il trouvoit par les hostelleries, qui souvent estoient mal acostrees. (JP 33:16-18)

At times pure adjectives served as adverbs.

... virent *plus cler* en chascune des choses desus dites ... que tous les autres auteurs et practiceurs. (CHM 9)

Par ma foy, il me prise moult *petit*. (B 430)

Atant Romaine s'en parti et vint au chevalier tout *souef* .... (B 423)

Si laisserons ung *petit* d'eulx a parler .... (JP 44:20-21)

... descendirent jus du mont et alerent, le plus *brief* qu'il peurent a Rome. (S 100C:9-10)

THE PREPOSITION

On the whole, prepositions current in Middle French were the same as those in Modern French, with the exception of a few that have fallen into disuse, the principal ones being *o, atot* ("with'); *jouste, delez* ("beside'); *ains* ("before"); *sus* ("on," "upon"). Of the four words meaning "with" (*o, atot, a, avec*), in the early years of the period *o* was by far the most popular. In the *Cyrurgie*, in 124 examples, we found *o* 105 times, *avec (ovec, avecques)* 12 times, *atot (otot)* 7 times, and *a* 3 times. By mid-fourteenth century *avec* had surpassed *o* and *atot*; and in the fifteenth century *avec* was used almost to the exclusion of the other two. *A* was rare. Beside *jouste* is found *dejouste* and occasionally the rare *decoste*. *Sus* (adverb) functioned frequently as a preposition, but *jus* remained exclusively an adverb. The modern *sur* occurred throughout the period.

De la .l.: soient curees *o* vin et *o* estoupes et *o* lieure et *o* autre[s] choses .... (CHM 1067)

... fu Famius longuement *o* sa femme .... (B 9)

... qui m'a laissiee grant temps *atout* mon enfant .... (B 97)

... quant un cheval va boire sans qu'on le maine et un homme va à complie *atout* un baston, certes ces deux ont passé leur temps .... (Q 96:11-14)

... en la dure mere *ovec* aucun d'iceus ou *avec* pluseurs .... (CHM 1064)

...le roy partit de Paris *avecq* le roy d'Espaigne .... (JP 8:23-24)

> ...et mordent *o* les dens des costés et ne mie *a* celles de par devant, et le venin des malles est le pire. (CHM 1823)
>
> Aprés il fait une question *jouste* ce que dit est. (E 124d*)
>
> Le counte de Cestre avoit grantment perdu de sa gent e vist *dejouste* ly Willam le fitz Waryn . . . . (FFW 73:29-30)
>
> ...et je m'asserray *decoste* vous. (B 184)
>
> ...puis se assist sur un siege de lioiz et Romaine *delez* lui . . . . (B 472)
>
> ...tira un annel d'or qu'elle avoit recueillie en la place *delez* sa maison . . . . (Q 94:23-24)
>
> Sire, *eynz* huy vous y serréz. (FFW 62:27)
>
> ...et est maistresse *sus* toutes oeuvres humaines . . . . (E 123d*)
>
> ...car il n'y a roy *sus* la terre que n'en fust bien las et chargé de entretenir ung si bel estat. (JP 32:11-13)
>
> ...mais habitoit *enmy* les champs. (S 40:560)
>
> ...et fust enterré en la grant esglise de ladicte cité, *emprès* le roy Charles, son grant pere. (S 175:388-89)

Other prepositions, most of which survive in the modern language but with variations in form and function, included *en, dedens, dessus, dessur, dessous,* and *devers. En* has been replaced in Modern French (except in fixed expressions) by *dans,* which serves also for *dedens* in most cases. *En* occurred more frequently and had a broader scope than *dedens,* which usually meant "within." *Dessus* and *dessous* were common; the modern *sous* was frequent; but *dessur* was rare.

> ...car tous estes faiz comme pelerins *en* ce monde . . . . (CE 296:15)
>
> ...et entra *en* un vergier assez loing de la fontaine. (R 48:13)
>
> ...je tray mon boujon *dedens* la prison par un trou . . . . (B 425)
>
> Quant vous veez loups venir querre leur proie près des villes ou *dedens* les villages . . . . (Q 50:4-5)
>
> ...ne viengne et descende briefment par *dessus* vous . . . . (CE 309:12-13)
>
> ...et qu'il soit seigneur *dessur* nous. (B 535)
>
> ...et pour ce sont ilz diz pires que hommes comme hors et *dessoubz* les mectes de condicion humaine. (E 132b*)
>
> ...elle aura moult grosses lèvres et vermeilles, aussi bien *dessoubz* comme dessus. (Q 77:4-6)
>
> Le chastel de Dynan e tut le pays entour *devers* la ryvere de Corve . . . . (FFW 2:25-26)

Je vous dy pour Euvangile que nul qui veult gaignier su jeu de dez ne se doit jamais asseoir, pour jouer, son dos *devers* la lune . . . .
(Q 50:13-16)

Chapter VI
WORD ORDER

Certain aspects of the order of words have been considered in previous chapters: e.g., the position of adjectives and pronouns and word order in the imperative, negation, and interrogation. In this chapter we shall look first at the construction of the clause as a whole and then point out positions of words or phrases that seem misplaced to the reader of today.

There are six possible arrangements in affirmative clauses of subject, verb, and complement: 1) subject—verb—complement; 2) subject—complement—verb; 3) complement—subject—verb; 4) verb—subject—complement; 5) verb—complement—subject; and 6) complement—verb—subject. Of these, No. 1 (s-v-c) was by far the most common from the very beginning of the period. As early as the *Cyrurgie,* out of 165 clauses, 120 followed the order of subject—verb—complement.[1] In *Fouke Fitz Warin,* out of 144 clauses, 108 were in the No. 1 word order. In the *Quenouilles,* out of 89 examples counted, this arrangement was found 75 times. The second most popular sequence was No. 4 (v-s-c) with 20 instances in the *Cyrurgie* and 19 in *Fouke Fitz Warin.* Order No. 6 (c-v-s) occurred 20 times in the *Cyrurgie* and 11 times in *Fouke.* No. 5 (v-c-s) was rare. Nos. 2 (s-c-v) and 3 (c-s-v) happened under special conditions and were naturally quite frequent. No. 2 (s-c-v) is found almost entirely in clauses containing personal pronoun objects; No. 3 (c-s-v) in dependent clauses introduced by a relative pronoun object.

Inversion

As one will notice, in the three orders 4, 5, and 6, the subject follows the verb. This sequence will be referred to as *inversion,* an occurrence frequent enough to warrant some attention. No. 4 (v-s-c) had been a favorite in Old French, as had No. 6 (c-v-s) which, however, occurred more in poetry than in prose. No. 5 (v-c-s) was not so rare in Old French as in our period; still it was not frequent.

Verb-subject-complement (No. 4)

> Or viennent aucune fois les paciens aus mires . . . . (CHM 24)

---

[1] We did not include in this count clauses in which object personal pronouns precede the verb.

... toutesfoiz firent ilz la meilleur chiere qui leur fut possible .... (JP 42:6-7)

... encor vendra le jour que Hetor s'en ventera entre les Troiens .... (E 56d)

... si esposa le roy Jehan la fille au roy d'Espaigne .... (JP 87:20)

Adonc manda mon pere ses barons .... (B 426)

... neant plus pourroit l'en proferer ceste musique naturele .... (AD 271:20-21)

En ceste partie mect Vallerius le derrain strantegement des estrangiers .... (S 48:813-14)

... et donne l'en son divers aux aciers, aux fers, aux boys .... (AD 270:8-9)

Et si portoient les Anglois leurs bonnes robbes .... (JP 39:6-7)

Verb-complement-subject (No. 5)

Et avoient grant merveille Berinus et sa gent qu'il avoit empensé a faire. (B 87)

Dont print congié a eulz Aigre et les mercia moult grandement de leur compaignie .... (B 275)

A ce mot laissa le filler une nommée Transsie d'Amours .... (Q 27:17-18)

... en eut grant joye la pucelle .... (JP 77:8-9)

Complement-verb-subject (No. 6)

Ceste cause demoustre Galien ou .3. livre de Megathene ou .1. chapitre. (CHM 984)

Tel jugement froi ȷe de vous .... (FFW 69:20-21)

De cestui Hector descendirent les François; ce dit un expositeur, et ainsi le dient les hystoires. (E 132d*)

Et ce faisoit Amours .... (B 542)

Ceste charge prist moult volentiers dame Ysengrine .... (Q 11:15-17)

Grant joye eurent les dames et seigneurs .... (JP 77:7-8)

If we examine the above clauses, we shall be able to draw several general conclusions as to the reasons for inversion. The principal factor which strikes us immediately is the *introductory adverb*. Throughout the period an introductory adverb had a tendency to cause inversion. But it is a dominant tendency and not the rule it had been in Old French. There are many exceptions.[2] Similarly, inversion frequently followed the coordinate conjunction *et*, especially *et si*. Almost invariably after a prepositional phrase (used adverbially or as a complement) the subject and verb were inverted. In such clauses as those which fall under No. 6 (c-v-s), the complement precedes verb and subject—for emphasis or other reasons outside the realm of syntax. What interests us there is the fact that *when* the complement or predicate preceded, inversion followed.

In Nos. 1, 2, and 3 there is no inversion of subject and verb. The subject always precedes the verb, though not always immediately; whereas the complement appears in any position. In No. 1 (s-v-c), the order is the normal sequence today, so much so that any other is slightly awkward, except in sentences containing object personal pronouns (No. 2, s-c-v), or in clauses introduced by a relative pronoun object (No. 3, c-s-v). After the fall of the declension, a noun subject and object in conjunction with each other would result many times in obscurity. Hence the comparative rarity of Nos. 2 and 3 when the complement is a noun.

Subject-verb-complement (No. 1)

> La langue est membre qui est dedens la bouche ou milieu de sa concavité . . . . (CHM 242)
>
> Aprés Aristote monstre une difference entre le fort et le paoureus ou couart . . . . (E 56a*)
>
> L'emperiere de Romme si avoit un nain bossu . . . . (B 435)
>
> Dame Transeline doncques, venue entr'elles, salua toute la compaignie . . . . (Q 32:6-7)
>
> Euclites mesura premier le cours du firmament . . . . (R 40:3)
>
> Le roy d'Arragon print la royne d'Espaigne . . . . (JP 77:10)

Subject-complement-verb (No. 2)

> Fouke le corn prist e en une autre chambre se mist . . . . (FFW 61:16-17)
>
> . . . et les autres ne les i lessent pas. (CHM 1721)
>
> . . . tous ceulx qui mon livre orront . . . . (B 1)
>
> Homme qui sa femme bat . . . . (Q 16:16)
>
> Qui le sien gastera l'autri avoir vouldra. (E 70b*)

---

[2] Dont les ners qui sont organiques de l'oie nessent du cervel . . . . (CHM 205); . . . adoncques cest medecinement est plus fort que il ne doit . . . . (CHM 1564); Aprés je di que il est bien possible . . . . (E 1c); Atant elle s'en vint vers les chevaliers . . . . (B 500).

Un homme qui femme prent par mariage . . . . (Q 157:4)

Complement-subject-verb (No. 3)

> . . . et le mirouer on porte devant lui . . . . (B 202)
> . . . lequel l'en quiert pour lui meïsmes . . . . (E 6a)
> . . . aucuns que Fortune ait cy admené . . . . (B 239)
> . . . lesquelz elle fait aucunefoiz en orgues . . . . (AD 269:15-16)
> Laquelle sy treshideuse et perilleuse bactaille les Lassedemoniens different . . . . (S 57:1087-89)
> . . . lesquelx il ne povoit combattre . . . . (S 53:971)

The prepositional phrase. A phrase introduced by a preposition is a modifier that may be found in almost any position in the sentence. If it introduced a clause, and it frequently did, it generally caused inversion. Other positions not common today may be noted if one glances at the following examples.

> A la destre oreille du coeur vient une vaine . . . . (CHM 318)
> . . . par la grace de Dieu *des François* roy . . . . (CHM 1)
> Fouke *en une chambre* entra e trova une vele . . . . (FFW 61:11)
> *De ceste chose* fut moult l'empereur loé et honnouré . . . . (B 575)
> Tous ceulx qui *environ eulx* estoient . . . . (B 434)
> . . . que vous laissiez *par usure et couvoitise* vivre et habiter entre vous . . . . (CE 307:5-6)
> . . . qui *dedens le port* de Siraguise fut entree . . . . (S 50:870)
> . . . puis bailla sa couppe a la pucelle que *devant luy* tenoit . . . . (JP 80:19-20)

The above selections demonstrate that a phrase introduced by a preposition often preceded the word it modified, whether noun, inflected verb, or infinitive.

Object of an infinitive. The noun object of an infinitive frequently preceded the infinitive that was dependent upon a preposition or another verb.

> Il ne se doit pas louer, ne *autres blasmer* . . . . (CHM 554)
> . . . si yl poent *vostre corps prendre*, vous serréz detrenché . . . . (FFW 19:26)
> . . . qui nous guidoient jusques la sans *nulle aultre chose faire*. (S 79B:11-12)
> . . . remembre toy que tu doies savoir *les peuples gouverner* . . . . (E 1b)
> . . . mais le desir et vouloir de *justice augmenter*, et *les honneurs royaulx garder et entretenir*. (JP 13:29-30)

... desirans et esperans *guerre faire* aux infernaulx .... (CE 296:5-6)

Compound tenses and the passive voice. Noun objects (direct and indirect), adverbs, and phrases introduced by a preposition were often placed between the auxiliary verb and the past participle.

Mes qe vous, sire, e vostre esquier fusséz *par moy* herbygéz .... (FFW 22:14-15)

Dont come le cors humain soit *a toute l'art de medecine* sougiet .... (CHM 46)

... beneïr et loer le Roy du ciel qui a *son peuple* pourveü de tel Roy terrien plain de si grant sagesce. (E 1b)

... quant vous avrez *femme* prise, vous oublierez l'amour de vostre enfant .... (B 19)

Las! comme je suis *de male heure* nez .... (B 501)

J'ay *autres fois* oy dire que qui moust ses vaches .... (Q 153: 27-28)

J'ay *presentement* trouvé plusieurs de voz amys .... (S 107C:5-6)

... car je leur ay *ma foy* plevie .... (B 501)

Ellipsis of the verb and the vicarious use of the verb faire. To avoid repetition of a verb in a following clause or phrase, the Middle French writer was prone to do one of two things: substitute *faire* for the verb in question or omit the verb entirely. The vicarious use of *faire* was less common in the fifteenth century than it was in the fourteenth.

... e les comaunda demorer ou ly e si *firent* yl un moys entier. (FFW 81:20-21)

La .2., que il sente froit et chaut, ce que les cheveus ne *font* pas. (CHM 139)

Nature oeuvre plus certainnement que ne *fait* art .... (E 32a*)

Damoiselle, je vous creance de la foy de mon corps qu'il n'est riens que j'ayme autant comme je *fais* vous. (B 454)

Oyez vous pas cest homme ...? Par Dieu, je croy que non *fait*. (JP 79:19-22)

... quar yl ert feble e *son destrer las*. (FFW 27:13)

... car le mari doit aucune chose a sa femme et *elle a luy* .... (E 103d*)

Et lors que Ganor fu la venus, li soudans lui donne sa fille a femme, et fu sire du païs et *elle dame*. (B 201)

... il l'ama de tout son cuer, et *elle lui* de si trés excellente amour .... (R 47:10-11)

... car le maistre n'attendoit pas le varlet, ne *le varlet le maistre* .... (JP 51:26-27)

Complex sentences. Characteristic of the writing in the Middle French period is the elaborately complex sentence made up of principal clauses with many dependent clauses within clauses. This can best be illustrated with sentences drawn from the texts.

Et pour ce tiex gens doivent reporter de ce graces et loenges, car il ont deservi en ce que il esmeuvent l'entendement de l'ouvrier a mieux ouvrer en sa science, a ce que il puisse, si comme il est possible, ordener oeuvre parfaite, qui ne soit pas reprehensible; pour la quel chose n'annuit pas as auditeurs se je ajouste aucune fois, jouste les ordenances des devans dis nos maistres, ou se jou en soustrai, ou se je tresporte de lieu en autre, en soupliant a ceus qui liront ceste oeuvre que a l'utilité du commun, s'il i treuvent defaute, il i vuillent debonnerement ajouster acomplissement, jouste le dit de Galien, ou quint de maladie et de l'accident, ou quint et ou darrenier chapitre, qui se commence: "Je di acertes que male complexion," etc. (CHM 11)

Or vous di je, doulx amis, que cil Ysopes a d'usage qu'il vuet savoir tous les plaidiers, ainçois que l'en voise en jugement, par quoy je sui certain que tuit cil a qui vous avez a faire venront encor enuit sanz faille parler a lui, et lui comptera chascun l'occasion de son plait, mais bien sachiez qu'il ne lui feront mie a entendre qu'il aient desraison en leurs causes maintenir, ains diront qu'il y ont bon droit, et bien vous dy que, se il savoit qu'ilz menteïssent ilz ne seroient respité, pour autant d'or que je sui grant, qu'il ne fussent mis a mort. (B 75)

Item semblablement et finalement pourra sçavoir un chascun qui de son noble couraige avra la musique naturele bien estudié faire et amender, par cest present art, avecques son noble engin, toutes manieres de balades, rondeaulx, chançons baladées, serventois, sotes chançons, laiz, virelais et pastourelles, eu regart aux exemples et articles cy dessus escrips, et autres que l'en puet veoir en tel cas communement de ceulx qui mieulx et plus saigement le scevent et sçavroient mieulx faire que moy, qui suy rudes et de gros entendement, et soubz la correpcion desquelz je soubmet ce qui fait en est a leur amendement, en eulx suppliant que se aucune chose y a faicte moins suffisanment, ou que j'aye pechié contre l'art en aucune maniere, ilz me vueillent ce pardonner en l'imputant a ma simplesce et ignorance, et le corrigent humblement pour honour de la science et pour l'amour des aprantis; car ce qui fait en est a esté du commandement d'un mien tresgrant et especial seigneur et maistre, auquel pour mon petit engin ne autrement, pour l'obeissance que je luy doy, excusacion n'eust pas eu lieu, quant a moy. (AD 291:19, 292:1-12)

Jupiter roy, dieu de vertueuse poissance, qui aprèz Saturnus affina les mettaux et congnut l'especialité de l'or, de l'argent, de pierres precieuses, et trouva les manieres des espices mettre en sausses, et ama les savours et les delices des vins et des viandes, la douceur des connins et des oysiaux, de lievres, de cers et de biches de pors sauvage et de touz poissons, et trouva maniere pour prendre les simples oyseaux a ceulx qui sont crueux, et les amiable[s] bestes par ceulz qui sont males, ainsi comment l'esprevier prent l'aloe, le faucon le mallart ou le hairon, et les chiens le lievre et le connin, les levriers le cerf et le senglier, et aussi destruit le fort homme le flebe; et ycellui Jupiter trouva maniere des robbes coulourées, de chausement de cuir, de faire armeures et de s'en armer; et de pluseurs aultres choses qui croissent de jour en jour; et souverainement de faire et forgier monnoye trouva il la premiere maniere. (R 43:22-23, 44:1-2)

Si eussiez veu venir six cens hommes tous montez sus grisons d'ung poil et d'une sorte, et de semblant d'harnois, tous semez d'orfaverie tout au long des bors, tant que c'estoit belle chose que de les veoir, car par dessus les croppes des chevaulx avoit grosses campanes d'argent qui estoient attachees a grosses chaines d'argent toutes dorees, qui menoient grant bruit, et les seigneurs qui montez estoient dessus estoient tant beaulx qu'ilz ressembloient proprement anges, et si estoient tous vestuz d'ung riche velours cramoisi et pourpoins de satin broché d'or comme les pages qui estoient devant passez. (JP 65:2-13)

INDEX

A, "with," 139-140.
A, with determinative complement, 6; with indirect object, 7.
A ce que, 74-75, 97, 134.
A poi que, 104, 134.
A tel fin que, 98.
Adjectives, agreement, 26-30; comparison, 30-33; position, 33-35; negative, 118-119, 120-121; as adverb, 139; survivals of declension, 3; verbal, 36, 38, 39, 40; present participle used as —, 36-37; past participle used as —, 39-40; see also Demonstrative, Indefinite, Interrogative, Possessive, Relative.
Adont, 136.
Adverbs, 135-139; negative, 118-119, 121-123; of quantity, 15, 22-23; effect on word order, 59, 61, 143; see also Pronominal.
Afin que, 97-98.
Ainçois, 135; *ainçois que*, 98-99, 134.
Ains, 135-136, 139; *ains que*, 98-99, 134.
Amont, 137.
Après que, 99.
Articles, 7-25; see Definite, Indefinite, Partitive.
Atant, 136.
Atot, 139.
Aucun, 25, 87-88, 120-121.
Auques, 138.
Aussi tost comme, 115.
Autrui, 84-85.
Aval, 137.
Avecques (avec, ovec), 139.

Beaucoup, 135, 137-138.

Cases, use of, 2-7.
Ce, demonstrative pronoun, 69, 74-75.
Ceans, 137.
Ceci, 74.
Cel, 68-69.
Cela, 74.
Celi, 69, 73.
Certain, omission of indefinite article, 18-19.
Ces (cez), demonstrative pronoun and adjective, 69-72.
Cest, 69-72, 75.
Cestui, 68-72.
Chascun, 83, 85.
Cil, 68-69, 71, 73, 75.
Circumstantial complement; see Complement.
Combien que, 100.
Comme, requiring subjunctive, 102.
Comment que, 98, 100, 134.
Complement, circumstantial, 6-7; determinative, 4-6.

Complex sentences, 147-148.
Compound tenses, 40-43, 116; word order, 146.
Conditional mood, 105-108.
Conditional tense, 115-116; in contrary to fact and simple conditions, 105-106.
Conjunctions, 74, 97-102; coördinate, 130-134; subordinate, 134-135.
Contraction, of *à, de, en* with *le* and *les*, 8-10.
Cui, 76, 79.

De, with determinative complement, 5-6; partitive, 20, 22-24; after *point*, 124-125; in comparisons, 32-33; with disjunctive pronoun, 58.
De rechief, 138.
Deça, dela, 137.
Declension, 125; of nouns, 1-7; of definite article, 7-8; of adjectives, 26; of possessive adjectives, 64; of possessive pronouns, 67; of demonstratives, 68, 75; of relative pronouns, 78.
Definite article, 7-16.
Deictic particle, 69, 75.
Delez, 137, 139-140.
Demonstrative adjectives, 36, 68-75.
Dès ce que, 74-75, 115, 134.
Determinative complement; see Complement.
Devant que, 98-99, 134-135.
Direct object, pronouns, 47-49.
Disjunctive pronouns (strong forms), 63; see also Personal pronouns, strong forms.
Donc, 136.
Dont, adverb, 138; relative pronoun, 78.

El, subject pronoun (f. pl.), 44, 46.
Elision, 8, 66.
Ellipsis, 53-54, 110, 118, 146-147.
En, preposition, 140; with infinitive, 110.
Enciez, 136; *enciez que*, 98-99.
Encontre, 137.
Endementiers, 136; *endementiers que*, 134-135.
Ens, 137.
Et, effect on word order, 61, 144; *et si*, 131, 144.

Faire, vicarious use, 117, 146.
Fors que, 101.
Fort, development of feminine form, 27-29.
Future tense, 115.

Goute, negative auxiliary, 123.
Graindre, 31-32.
Grant, omission of indefinite article, 18-19; feminine form, 27-28.
Gré, 138-139.
Greigneur, 31-32.

Hope, expressions of, 95.

Il, subject pronoun (m. and f. pl.), 44, 46-47.

Il avient que, 93.
Il m'est avis que, 93.
Il s'ensuit que, 93.
Iluec, 137.
Imperative, 53, 103, 108-109; position of object pronoun, 61.
Imperfect tense, 113.
Impersonal constructions, omission of subject pronoun, 90; requiring the subjunctive, 92-94.
Incontinent, 136; *incontinent que,* 134-135.
Indefinite adjectives, 36, 82-88.
Indefinite antecedent, 96-97.
Indefinite article, use and omission, 16-20; plural, 20-21.
Indefinite pronouns, 82-88.
Indicative mood, 92; in conditional sentences, 105-108; see also Preterite, Imperfect, Present perfect, Future, Conditional, Compound tenses, and Subjunctive.
Indirect object, pronoun, 48-50; noun, 7.
Infinitive, 109-111; pronoun object, 54-56; negative, 118; position of noun object, 145-146.
Interrogation, 58-59, 126-127.
Interrogative adjective, 36, 82.
Interrogative pronoun, 80-82.
Inversion, 58-59, 142-145; in interrogation, 126-127.
Issi que, 98.

Ja, 121-122.
Ja fust ce que, 100.
Ja soit ce que, 100.
Jouste, 139-140.
Jus, 136-137.
Jusques a tant que, 99-100, 134.

Leens, 137.
Leur, possessive adjective (pl.), 64-66; possessive pronoun (pl.), 67-68.
Li, definite article, 7-8; disjunctive pronoun, 51; indirect object, 48, 49-50.
Lié, disjunctive pronoun, 51.

Maint, 82-84.
Mais, adverb, 136; negative auxiliary, 121-122, 123.
Mais que, 98, 134.
Meisme, 82-84.
Meneur, 31-32.
Mie, negative auxiliary, 118, 123, 125.
Moie, 66-67.
Molt, 137-138.
Mood, 92-111; see Conditional, Imperative, Indicative, Infinitive, Subjunctive.

Nay, 117.
Ne, negative, 118, 119, 124; *ne . . . ne . . . (ne),* 120, 132; *ne . . . mie,* 118; *ne . . . que,* 122; negative-interrogative, 127; conjunction, 35, 130-132; pleonastic, 31, 103-105.

Neantmoins que, 100.
Negation, 116-126; omission of indefinite article, 18; omission of partitive, 23; conjunction, 132; auxiliaries, 118, 120-126; negative-interrogative, 127.
Nenil, 117.
Nient (Neant), 119, 124, 126.
No, possessive adjective, 64-65.
Non, 116-119.
Non obstant que, 100.
Nos, pronoun, 67.
Nouns, 1-25; negative auxiliaries, 123-126.
Nul, 25, 121.
Nullui, 121.

O, 139-140.
On, 82, 85, 128-129.
Onques, 121-122.
Ou, 92, 133.

Par, adverb, 137-138.
Par quoi, 97.
Participles, 36-43; survivals of declension, 3.
Partitive, 20-25.
Pas, 118-120, 124; *non pas*, 117.
Passive voice, 40, 128-129; word order, 146.
Past indefinite, 114.
Past participle; uses and agreement, 39-43; negative, 118-119.
Past tenses, 112-116.
Personal pronouns, subject, 44-47, 58-59, 89, 109; object, 47-50, 59-64; strong forms, 47, 50-56; object of infinitive or present participle, 54-56, 60-61.
Personne, negative auxiliary, 124, 126.
Pieça, 136.
Pleonastic *ne*, 31, 103-105.
Plus, negative auxiliary, 121, 123.
Plusieurs, 82-84.
Point, negative auxiliary, 119, 124-125.
Posé que, 98.
Possessive adjectives, 36, 64-66.
Possessive pronouns, 66-68.
Pour ce que, 74-75, 97, 134.
Predicate nominative, 2, 15, 19.
Prepositions, 139-141; with determinative complement, 5-6; with circumstantial complement, 6-7; with indirect object, 7; prepositional phrase, 145.
Present participle, 36-39; pronoun object, 54-56; negative, 118.
Present perfect, 114.
Present tense, 112, 113.
Preterite tense, 112-113.
Progressive tenses, 38-39, 112, 113-114.
Pronominal adverbs, *y* and *en*, 50, 54, 57-58, 63.

INDEX 153

Pronouns, 44-88; survivals of declension, 3; negative auxiliaries, 120-121; see Demonstrative, Indefinite, Interrogative, Personal, Possessive.

Quanque, 83, 85-86.
Quant, pronoun and adjective, 82.
Que, in comparisons, 31-33; requiring the subjunctive, 97-98; followed by pleonastic *ne*, 104; "for, because," 134-135.
Quel . . . que, 101.
Quelque, 87; *quelque . . . que*, 101.
Qu'est-ce qui, qu'est-ce que, 81-82.
Qui, without antecedent, 76-77.

Reflexives, 40-41, 42; for passive, 128-129.
Relative adjectives, 36, 80.
Relative pronouns, 76-80.
Rien, 87, 125-126.

Sans ce que, 100-101.
Se, "*if*," 105-108; *se non*, 119.
Si, coordinate conjunction, 130-131.
Si tost que, 115.
Sinon que, 101.
Soie, 66, 67.
Soloir, 113-114.
Subjunctive mood, 92-105; by attraction, analogy, etc., 102-103; in conditional sentences, 105-108; tenses, 111-112.
Subordinate conjunctions, 134-135.
Substantives; see Nouns.
Suen, 66-67.
Superlative, 33, 96.
Sus, 136-137, 139-140.

Tant, pronoun, 82, 85-86; *tant que*, 99-100.
Tant longuement comme, 115.
Tantost que, 115.
Tel, omission of indefinite article, 18-19; feminine form, 27, 29; pronoun and adjective, 82-83.
Tense, 111-116.
Toie, 66-67.
Tout, 83, 85-87.
Tres—, prefix, 86, 138.
Tu and *vous* (*tutoiement*), 90-91.

Verbs, 89-129; auxiliary, 40-42.
Vo, possessive adjective, 64-65.
Voire, 138; *voir est que*, 94.
Vos, pronoun, 67-68.

Word order, 22, 33-36, 55-56, 58-64, 124, 126-127, 142-148.

www.ingramcontent.com/pod-product-compliance
Lightning Source LLC
Chambersburg PA
CBHW021844220426
43663CB00005B/399